影像诗人

费诗云◎编著

中国出版集团

现代出版社

图书在版编目（CIP）数据

影像诗人 / 费诗云编著. ——北京：现代出版社,2013.2 （2024.12重印）
ISBN 978-7-5143-1352-9

Ⅰ.①影… Ⅱ.①费… Ⅲ.①电影导演－生平事迹－世界－青年读物②电影导演－生平事迹－世界－少年读物 Ⅳ.①K815.78-49

中国版本图书馆 CIP 数据核字(2013)第 025467 号

我的未来不是梦—影像诗人

作　　者	费诗云
责任编辑	张　晶
出版发行	现代出版社
地　　址	北京市朝阳区安外安华里 504 号
邮政编码	100011
电　　话	(010) 64267325
传　　真	(010) 64245264
电子邮箱	xiandai@cnpitc.com.cn
网　　址	www.modernpress.com.cn
印　　刷	唐山富达印务有限公司
开　　本	700×1000　1/16
印　　张	12
版　　次	2013 年 7 月第 1 版第 1 次印刷　2024 年 12 月第 4 次印刷
书　　号	ISBN 978-7-5143-1352-9
定　　价	47.00 元

序 言

　　这套以"我的未来不是梦"命名的丛书，经过众多编者的数年努力，终于以这样的形式问世了。

　　此时，恰值党的"十八大"刚刚胜利闭幕，选举出了以习近平同志为首的党中央领导集体。"十八大"报告中对教育领域提出："坚持教育为社会主义现代化建设服务、为人民服务，把立德树人作为教育的根本任务，培养德智体美全面发展的社会主义建设者和接班人。"这使我们编者更感此套丛书生即逢时，契合新时期新要求，意义重大。

　　我们编写的这套《我的未来不是梦》系列丛书，精选了古往今来的一些重要职业，尤以当下热点职业为重。而"梦想的实现"则是本套丛书的核心。整套书立意深远，观点新颖，切合实际，着眼实用，是不可多得的青少年优质读物。

　　我们深信，这套丛书必将伴随小读者们的生活与学习，而促进他们德智体美全面健康的成长。更使他们对未来充满信心，驾驭着新知识和新科技，驶入海洋，飞向蓝天，去实现最美好的梦想！

目录 CONTENTS

第一章

人类灵魂的工程师

　　导演的作用不是人们习以为常的"阐述剧本"的本来意义,而是重构与理解剧本的全新意义。导演既离不开剧本所提供的艺术形象的起点,也离不开整个艺术生活环境所提供的语境,而顶要紧的中心环节,是导演以自己的执艺经验和审美意识,将舞台艺术形象放置于他所创造出来的非常情境之中,完成一个新形象的立体诞生。

■ 导演艺术

　　每门艺术都有自己的丰富故事,故事里的人和事演绎出许多多彩的历史。故事讲得好,大家都爱听,电影的故事也是如此。

　　当今世界,很多人做得最多的梦,一是"发财梦",二是"明星梦"。股市里涌动的人头跟荧屏上晃动的靓影有不少相似之处。人的欲望常常能激荡起艺术工作者的豪情,塑造出一幅幅现世景象。而这一幕幕社会活剧的"导演"者,就是"名"和"利"的追逐者。社会主义市场经济为大众的"功名利禄"开辟了广阔的平台,每个人的智慧、才华和能力都可以在这个平台上尽情展示。当然,市场经济也无意识地放纵了人类的恶习,毁坏了优良品德,甚至扭曲了人格。因此,社会需要引导,需要镜子,需要自我鉴别与自我改善,使其达到尽善尽美。电影电视作为大众传播媒介,成为提升人类精神境界的工具,而导演就是电影电视最重要的力量。导演不是说教者,是倡导者;导演不是训斥者,是引导者;导演像钻井一样发掘现实的人性,像点火一样燃烧永恒的激情。导演艺术就是人性和感情的艺术,而影视导演艺术就是借助影像技术呼唤高尚人性、弘扬美好感情的艺术。因此,导演应当是呼唤社会正义的倡导者,应当是和谐文化的身体力行者,应当是大众百姓的引领者。这就要求导演人得具有高尚情操、深刻思想、精湛技艺和市场观念。美国导演雷克斯·英格拉姆说得好:"作为工业,电影大概还会无限期地给投资者们创造红利;作为艺术,它已变成媒介,给世人传达世代大师试图给予我们的寓意。"

本书是为了有志于成为这样的人类灵魂工程师职业的青年立志成为导演艺术家而编写的,通过书中导演的奋斗故事,更深刻地了解导演艺术中家工作内容精华。

导演的再创作是以电影文学剧本为基础,运用蒙太奇思维进行艺术构思,编写分镜头剧本和"导演阐述"从事再创作的,包括对未来影片主题思想的把握,典型人物的塑造,场景的转换和调度,以及时空结构、声画造型设计和艺术样式的确定等表现时代精神的综合艺术。

在本书中,通过电影导演、电视剧导演、纪录片导演、电视导演、舞台剧导演、好莱坞导演,还有女导演这八个部分来深入地了解导演行业每位大师的苦与乐和艺术生涯。

■ 美国电影史

美国人始终坚信电影是由他们发明的,而不是法国人。从技术层面上来说,可能确实如此。但是在"发明"这个问题上,结果的确定却往往不是谁先创造出了被发明的东西本身,而关键是谁的能够创造更快、更早地为更多人知晓的艺术作品。因此在世界电影史上,首次公开放映电影的法国人卢米埃尔兄弟就被公认为"电影之父"。而在美国,电影机器却在科学家的手中不断更新。随着这种声像技术的更迭,美国电影艺术的发展也以其独特的方式不断前行,引领世界潮头。

1888 年,一位美国人在爱迪生实验室工作的小伙子迪克逊开始研制电影机。他收集了大量的相关资料,研究了这一新技术的方方面面及其发展现状,经过仔细调查后,他对德国人安舒兹的动画机产生了浓厚的兴趣。在对动画机的原理结构做了深入的研究之后,迪可逊设计出了他的第一台机器。但是效果非常差。

1890 年 11 月,迪可逊终于研制出了一台摄影机,这种摄影机能将几个动画形象摄制在一条短胶片上,他将这种摄影机称作活动电影摄影机。

他利用这台摄影机,拍了自己的第一部电影《胡闹》,内容是他的助手的一些动作。比起卢米埃尔兄弟的《火车进站》《工厂大门》等影片来,美国电影从它的本土摄影机发明之初所拍摄的影片开始,就有了后来好莱坞电影的用电影来讲故事的雏形,只不过比较简单初级而已。

人类总是在不断地重复着自己的过去,循环往复,周而复始。电影自然也不例外。从供给私人观看的"电影视镜"发展到大银幕的供大众一起观看的电影院,再回到私人放映观看的家庭影院,人类就这样凭借电影技术的不断革新而获取了一门更为大众、能让更多人所接受和喜爱的艺术——电影。

这是美国电影的一个坚实起点,也是好莱坞电影技术领先地位的开始。

电影是美国文化处于上升时期的产物,在技术上得到了相当支持的时候,美国人开始了在艺术上的创作与追求。众所周知,美国本土的历史十分短暂,没有时间进行统一、充分的文化沉积,再加上众多的移民所带来的各自不同的历史背景,在这样一种情况下,任何一种已知的艺术都不可能进行文化上的再造,唯有电影走在时代前列。

一种艺术想要获得全民的文化认同是十分困难的。恰恰在这个时候,电影横空出世了。这种全新的视听表现形式,给富于开拓和创新精神的美国人带来一种新的艺术语言——电影。在美国人的手中,电影成为独特、新颖的艺术,不但建构起丰富的电影视听语言,而且确立了成熟的电影叙事形式。

爱迪生公司的一位摄影师、制作者埃德温·鲍特在别人不遗余力地抄袭欧洲影片的构思、为了"专利权"进行争斗的同时,他开始进行着开拓性的创作,为美国叙事性电影开辟了道路。由鲍特拍摄的《一个美国消防员的生活》,这部影片采用了真实的现实题材,又进行了虚构的处理,使其成为戏剧性影片的开山之祖。

还有大卫·格里菲斯,他不但创造了杰出的艺术作品,也创造了一门全新的艺术。由于创新的目的,发展电影的叙事功能,才使电影艺术成为一门独立的艺术。在格里菲斯对电影叙事形式的探索中,"镜头"的概念发生了质的变化,它成为电影重要的叙事语言和叙事形式。

格里菲斯是第一位全面地完成了镜头的体系，将镜头表现手法系统化，熟练通过剪辑扩展电影时空概念的电影艺术家。电影终于成为拥有自己独特的艺术形式。

无声电影时代的喜剧片实际上是一个滑稽闹剧的大舞台。美国影评家詹姆斯·埃基把1912年至1930年这段时期被称为"美国喜剧电影最伟大的时代"。20世纪20—30年代，电影在美国已经迅猛发展起来，在众多导演和电影人的努力下，逐渐形成一门独立的艺术。

在众多电影的类型中，最受欢迎、最为兴盛的电影形式就是喜剧片。电影时代诞生了一位家喻户晓的喜剧表演大师——查尔·卓别林。

在电影发明之初，人们并没有想过这是一项创新的可以结合两种感官的艺术，因为电影的前身是照片，"活动的照片"在1895年的时候依然只是一种"进化"的照片。但是科学家并没有停下脚步，在向动态艺术中进行技术探索。

1899年，爱迪生已经可以在实验室里让电影发出一些声音，虽然这不是有意义的声音，但至少在技术方面肯定了有声电影的可存在性。通过"扩音器"的电气录音和"三级真空管"来使电影发出声音。但是这个时候，真正的有声片启事仍然并没有产生，和真正的有声电影还有一段距离。

■ 好莱坞体制

美国电影发展初期的几十年中，很多电影先驱者在不断完善电影艺术的同时，也无意识地根据自己的喜好拍摄出了各种类型的影片。这些具有先锋性的类型电影很快就被纳入了制片体制，成为批量生产电影产品的质量标准。

现在的观众们早已司空见惯，然而这些类型在诞生之初却曾经一度引起轰动。西部片是美国电影所特有的电影类型，托马斯·英斯是最早拍摄西部片的电影人之一。

随着电影的收益逐渐赶上其他工业,就是钢铁、汽车等利润大户都无法与电影创造的利润相比,这样一来,影片的利润率成为了公司和制片商决定影片是否拍摄的最重要的因素,也成为估量影片艺术价值的标准,赚钱和提高票房收入成为电影摄制的最高原则。

此时,电影工业已经具备了初步的体系,而这个体系中最能够获得收益的已经不是导演的名字,却是成为明星的演员的脸。电影导演作为票房号召的时代已经过去了。明星制度的形成,一方面限制了有追求的导演拍摄艺术的而不是商业的电影,但是另一方面却促使电影业发展成熟,也从侧面使表演成为电影艺术的重要组成部分。

早在我们所熟悉的奥斯卡奖设立之前,就已经有了电影奖项——全美评论学会奖。他创立于 1920 年,虽然比奥斯卡奖还早了 8 年,却没有能够像奥斯卡奖一样引起民众广泛的关注。

1927 年 5 月 4 日,在美国电影界的一次宴会上,有 36 位在美国电影界举足轻重的人物,希望组织一个以促进电影艺术和技术为宗旨的非营利团体,这就是美国电影艺术与科学学院的初步建立。

一周后,也就是 1927 年 5 月 11 日,电影艺术与科学学院正式成立,它就是奥斯卡奖的主办单位。在那次初创美国电影艺术与科学学院的宴会上,米高梅公司老板建议:为了推动电影艺术的发展与进步,应该给有所作为的成功者以奖励,因此就决定采用颁奖的形式,为电影制作过程中各个工种人员为电影事业勤奋工作,给电影工业带来繁荣和发展的电影人颁奖,从而提升他们的声望,给予他们应有的荣誉。于是金像奖就诞生了。

奥斯卡奖每年颁发一次,至今从未间断。奥斯卡奖项包括,最佳影片奖(最具分量的奖项也被为"奥斯卡大奖"),最佳表演奖(分最佳男女主、配角奖,得到表演奖的男女演员就成为新一届的奥斯卡影帝和影后),最佳导演奖,最佳剧本奖,最佳外国语影片奖。

■ 中国电影史

迄今为止,由于各种原因,还无法断定电影初次传入中国的具体时间和确切地点,只能根据一些电影历史描述来推断电影进入中国的时间。法国电影史家乔治·萨杜尔在他的书中描述过卢米埃尔兄弟的放映师,在世界各国巡回放映影片并拍摄新片的情况;法国人安东尼·卢米埃尔和他的儿子经营的公司,其势力范围已经扩展到全世界一切有业余摄影师存在的国家。

按乔治·萨杜尔的论断,结合 1896 年至 1897 年间中国上海、香港等租界区的商业开发状况,卢米埃尔公司在中国的影片放映和新片拍摄活动,应该不会晚于 1897 年,而中国人第一次看到的电影,可推测出是法国人卢米埃尔家族派出的放映师提供给中国的特许经营者所放映的节目。

除了法国商人以外,还有美国电影放映商。中国人看到的影片,除了卢米埃尔家族的两分钟左右长度的短片外,还有爱迪生影片公司拍摄的15—30 米长度的作品。

随后,在与法国电影为主要对手的竞争中,通过拍摄影片、特许放映与投资影院创设公司等方式,美国商人逐渐扩大了美国电影在中国的势力范围。

同时,通过西班牙、葡萄牙、英国、日本、美国电影商人以至苏联电影人的努力经营和特别关注,美国电影及欧美各国电影在中国的影响也日益增强,而欧美电影的放映活动,也逐渐在上海、北京、广州、天津等中国大、中城市甚至一些中、小城镇兴盛起来。

到了 1930 年代初期,欧美电影已经占领了中国电影市场的绝大多数份额,而相当数量的中国观众和中国影人,也不可避免地感受到了欧美电影文化震撼和强烈冲击,并将欧美电影观赏成为自己的学习、收获或创作指南。

在中国电影文化史的框架里,上海是一个值得特别关注的发达城市,尤其对于 1896 年至 1932 年间的中国电影而言，"上海"更具特殊的历史地位和文化意义。总的来看，作为民族工业基地与国产影片场景，"上海"不仅成功地奠定了中国电影制片、发行和放映业的基础，而且深刻地影响着早年中国电影的制作走向未来和日益不断地发展。

正是以"上海"为代表的都市形象和都市文明的影响力，赋予早期中国电影对充裕的物质条件、人才资源使其率先发展起来，也使其从内蕴上禀赋一种独特的半殖民地半封建文化，以及在对这种半殖民地半封建文化进行顽强对抗过程中衍生出来的、具有某种启蒙特征的新鲜文化特质。

作为民族营业基地

上海是早年中国民族电影制片、发行和放映业的核心基地。清末民初的上海，在中国政治、经济、社会和文化生活中往往首开风气之先，占据极其重要的位置。鸦片战争后，上海正式开放与外国通商，西洋货品器物开始流行，逐渐改变了人们的传统观念，使中国人萌生了最初的近代商业和工业化观念。

正是在这种独特的历史、文化背景下，从 1896 年开始电影传入中国，到 1932 年间，得益于欧美电影的影响及中国影人的努力，以上海为中心的中国本土电影从无到有，并逐渐获得了发展。

从 20 世纪 20 年代中期开始，随着中国电影在资本运营、市场开拓、类型选择、影像技术等方面拙劣的模仿欧美电影时代的结束，中国民族电影进入了一个具有残酷商业时代。

商业竞争的残酷环境与电影新路的努力追寻联系在一起，使产生不久的中国电影很快进入一个完整产业体系、彰显出现了民族身份的重要历史转型时期。

正是为了应对市场压力和生存困境，20 世纪 20 年代以来的中国电影，终于付出置之死地而后生的勇气，通过古装、神怪与武侠片的营构，展开了中国电影史上第一次大规模的商业竞争。

1932 年至 1949 年间，中华民族历经了社会动荡、物质的贫困与战争的创伤，中国民众的日常生活和精神体验，经历了巨大的阵痛和转型。在非常独特的抗日救亡时局与国共两党冲突之间,中国电影走过了一条极不平凡的道路。

在战争背景下与炮火的硝烟里,发动了如火如荼的中国电影文化运动,展开了中国电影反帝反封建的双重乐曲。可以说,无论是从艺术的探求还是思想的升华来看,中国电影都进入了一个文化再造的繁荣时期。

从表面上看,战争给中国电影带来的是破坏和毁灭;但是从电影内容及其文化建构的角度来分析,战争带给中国电影的是转机和新生。炮火硝烟里的中国电影,在危机中苏醒,在重创中复苏,既延续着商业电影的动脉,又尝试着中国电影的探索道路。

无论是"九一八"事变后中国电影的整体跃进,"七七"事变后中国电影的独特格局,还是抗战胜利后中国电影的困顿与生机,都显示出中国电影前所未有的使命感及顽强的生命力。

1931年9月18日,日本发动了对东北的军事进攻。中国电影首先失去了东北这一片广阔的放映市场。1932年初,日本又制造了"一·二八"事变,并由此引发了上海守军与广大民众的淞沪抗战。

"一·二八"事变的炮火,不仅直接毁掉了设立在上海虹口、闸北、江湾地区的各影片公司或摄影场,而且间接迫使其他地区不少中小公司歇业。国产影片的放映市场被大大缩减。

然而,"九一八"和"一·二八"事变的爆发,也促成了中国电影的整体跃进。大敌当前,电影界同仇敌忾。从激烈的商业竞争中"觉醒"的中国电影人,终于认识到"反帝抗日"这一崇高的历史使命和中国电影的重要性和必要性。

在淞沪抗战进行中和结束后,部分电影公司和电影从业者便投入抗战新闻纪录片和抗战动画片的拍摄中。其中,明星影片公司拍摄了新闻片《抗日血战》以及动画片《民族痛史》,还有其他影片公司拍摄的有关抗战的新闻纪录片等,都相当及时地报道与宣传了淞沪抗战,展现了中国军民共同抗敌的爱国精神与民族气节。

更为重要的是,随着"九一八"、"一·二八"事变对中国政治、经济、文化和电影格局产生的重大影响,以夏衍、郑伯奇、阿英、柯灵等为代表的中国共产党电影小组,开始在电影界传播马克思主义文艺思想、列宁主义的电影意识形态观念以及苏联电影理论和作品,为中国电影文化运动提供了非常有利的思想理论武器。

通过他们的努力,一大批以反帝反封建思想为主旨,以真实反映社会现实和揭露社会黑暗为题材影片,渗透着启蒙思想与救亡精神的电影作品出现在中国影坛,从根本上改变了以前中国电影唯利是图的媚俗形象。就是在这样一种独特的历史潮流中,诞生了一批优秀的、经典的民族电影作品。其中,《姊妹花》、《渔光曲》和《神女》等影片体现出来的社会关切,《都会的早晨》、《新女性》和《压岁钱》等影片所体现出来的百姓视野,《马路天使》和《十字街头》等影片所体现出来的时代风貌,以及《夜半歌声》所体现出来的文化蕴涵,都成为中国电影史上不可多得的成功典范,极大地推动了中国电影的发展。

1937年7月7日,卢沟桥事变爆发,日本帝国主义全面侵华战争打响,中华民族全民抗日战拉开序幕。抗日战争直接改变了中国的社会面貌和历史进程,不仅使中国电影走上了一条纷纭复杂而又艰难坎坷的发展道路,形成了大后方抗战电影、租界区商业电影、沦陷区日伪电影与根据地人民电影相伴而生的独特格局。

抗日战争爆发前的中国电影以上海为中心,聚集了中国绝大多数、有实力的电影企业、电影人才和电影受众。然而,抗日战争的全面爆发,使上海作为中国电影基地的中心地位发生了动摇。

然而中国电影制片企业在武汉、重庆、香港、太原、延安以至东北等地出现,改变了中国影业传统的分布状况,并对战后中国电影及其文化面貌带来了较为深远的影响。

在上海,随着抗日战争的全面爆发,大多数爱国进步的电影工作者很快就投身到轰轰烈烈的抗日救亡文艺运动之中。在卢沟桥事变爆发的当天或第二天,戏剧电影工作者迅速作出反应。发表电报,向守卫卢沟桥的将士表示支持和慰问。

1937 年 7 月 30 日，上海电影界在明星影片公司召开大会，宣告成立中国电影工作者协会。这是一个广泛吸收电影界包括艺术创作人员、技术工程人员和制片人等各类人士参加的抗日救亡组织。同时，部分影片公司的经营人，希望政府能够接受他们的公司，使其更好地为抗战服务。

"八一三"淞沪战之前，为了鼓舞民众宣传抗战，上海电影界和戏剧界合作，在上海蓬莱大戏院演出大型话剧《保卫卢沟桥》，这次盛况空前的演出，为中国抗日救亡戏剧电影活动写下了光辉的篇章。然而，1937 年 11 月，上海被日军占领，电影界的抗日救亡行动只有在大后方和根据地才能得到持续的展开。

1939 年 1 月，日本人通过前明星公司职员、汉奸邢少梅拉拢张石川与日方合作，遭到张石川的拒绝，日本人一怒之下，一把火烧毁了明星总厂。这个在中国早期电影发展史上举足轻重的电影企业，从此不复存在。

跟上海同为租界区的香港电影，抗战全面爆发后也发生了重大转型。1937 年，由邝山笑、林坤山等人发起，成立华南电影界赈灾会，进行抗日救亡工作。在该会鼓动下，由大观、南粤、南洋等影片公司合作，拍摄了描写中国人民奋起抗战的粤语故事片《最后关头》，并将上映后的全部收入捐献给前方的抗日将士。

在武汉、重庆等大后方，抗战电影也得到具体实践。1938 年 1 月 29 日，中华全国电影界抗敌协会在武汉宣告成立。它的成立不仅为大后方的抗战电影运动指明了方向，而且直接促成了中国电影创作队伍的重新聚合以及抗战电影创作的初兴。

就在大后方抗战电影持续展开之际，根据地人民电影也迈开了脚步。1938 年夏天，由八路军总政治部直接领导的延安电影团正式成立，在极度困苦的环境下，从 1938 年 10 月拍摄大型纪录片《延安与八路军》开始，到 1945 年抗战结束，共拍摄新闻纪录片和新闻素材 20 多种，以其崭新风貌显示出旺盛的生命力。

此时在东北，日本军国主义进行着对中国的电影侵略，拍摄了大量的纪录片、教育片和宣传片，组织巡回放映，积极传播这些灌输殖民思想、毒害中国人民的反动电影作品。

抗战胜利后，中国电影获得了新的发展生机。国共两党之间的政治、军事斗争愈演愈烈。抗日救亡的呐喊让位于民主自由的呼声。这是一种倡导民主与自由思想，反抗政治独裁、经济垄断和现实黑暗，出现了代表社会正义和时代进步的呼声。

与呼吁民主自由、直面社会现实的电影批评相伴而生的，是一批讽刺腐败政体、暴露现实黑暗的进步电影。这在《八千里路云和月》、《松花江上》、《艳阳天》、《三毛流浪记》等影片中都有明确的体现。总之，在批判现实的过程中，战后进步电影将兴起的中国电影文化运动推向了一个新的高峰。

1949 年至 1979 年的中国电影，是以马克思列宁主义的文艺思想以及毛泽东文艺为工农兵服务的方针指导下发展起来的。

通过崇高的历史撰述、宏伟的家国梦想、英雄的成长谱系以及理想的颂赞激情，新中国电影将自己的心路历程与这个特定的时代及其特殊的政治生活联系在一起，为中国电影历史留下了令人难忘的生动记录。

这段时期的电影创作大部分都是直接对毛泽东思想、共产党先进领导力量与人民战争为大的历史背景的影响和展示。

1979 年以后，随着中国改革开放国策的实施以及政治、经济与文化观念的转型，中国电影开始进入了一个崭新的历史时期。

随着科技的进步，进出口贸易的盛行，中国电影可以更多地与国外电影进行交流、学习，并且大量引进国外优秀影片。风格多样，题材广泛的影片出现在观众的视野，中国电影人也学到了很多国外电影的先进技术、思想，在这个时期之后，不断深入的交流与拓展的文化空间，为中国电影带来了前所未有的繁荣局面与发展活力。

直到现在，我们中国电影还在积极快速的发展，并且得到了全世界的认可。

■ 导演艺术的形成

自 1895 年卢米埃尔德第一部电影摄影机问世以后，伴随着电影技术的发展，电影导演在创作中的专业地位逐步得到确立。电视导演则是在 1936 年以后，随着电视技术的发展而逐步形成的专有职业。

今天，尽管电影导演和电视导演仍然分属于两个领域，具体工作程序存在一定的区别，但随着电影、电视在技术上的合作交流，人们把从事电影、电视导演工作的人统称为"影视导演"。在电影和电视艺术的发展过程中，导演作为一个专门的职业，也有其不断发展的过程。

欧美早期的电影导演主要是那些发明电影机器的人。100 多年前的那些原始的"一分钟影片"，大部分只是把摄影机架在院子里或者扛到大街上就摄制出来了，并没有编剧、导演、摄影师、演员等不同行当的划分。

在卢米埃尔的早期作品中，卢米埃尔兄弟自己担任编剧、导演和摄影师，"演员"就是家族成员、工厂的工人和路上的行人。当时的拍摄也只用一个固定镜头，纪录片段的现实场景和人物状态都是家庭式的。而观众对这种机械复制的现实物像，也只是感到好奇和新鲜，并没有把它与一种新艺术的诞生联系起来。

法国人乔治·梅里埃被称为世界上第一个电影导演，这是因为梅里埃不满足于仅仅把电影当作活动的照相机，他没有像卢米埃尔那样照搬生活的现实，而是把摄影机的拍摄与舞台表演的幻景结合起来，从而构成了一种新的艺术样式。

以经过扮演的幻象来代替未经扮演的事实，以经过设计的情节来代替日常生活的琐事。梅里埃是把各种假想的事件，按照他那些美妙的神话情节的要求，自由地交织在一起，而不再是用画面来表现自然现象的变化不定的运动。

乔治·梅里埃搭建起了世界上第一座采用日光照明的摄影棚，把原本只能在法兰西剧院表演的歌剧搬到了电影摄影棚内。从梅里埃开始,电影就划分出摄影师、美工师、演员等越来越多的专门职业,这是电影从技术迈向艺术的一个转折点。

在当时,梅里埃的摄影技术就已经包括了叠印、停机再拍、快动作、慢动作、动画、淡出和溶入等转场技巧,但是,梅里埃的拍摄还只是停留在一个镜头和一个全景角度贯穿到底的阶段。因此,梅里埃还未能建立一种用镜头分切的方式所构成的一整套电影叙事的表达方法。

1900 年以后,英国、美国和法国的一批电影先驱者都在实践中继续着电影语言的创造,他们开始自觉地挪动摄影机以改变它和被拍摄对象之间的空间距离关系,从而创建了不同景别的镜头和运动镜头,探索了镜头分切与组合的表现形式。

他们还发现电影叙事可以按照创作者的主观意图重新编排时间和空间。在美国人埃德温·鲍特的经典作品《火车大劫案》中,就出现了用 14 个镜头和若干个场景来表现一个故事的做法。他说:"14 个镜头分别表现了车站票房、行驶的邮车和火车头、中途停车点、树林、乡村小酒店等若干场景中发生的一个惊现的故事,第一次创造了'话分两头'的平行蒙太奇叙述手法和由这种叙事方式带来的时间重现。"

分镜头观念和蒙太奇语言的出现,是电影艺术成为时空艺术的基础,同样,这些方法也开始显示出导演在电影创作中的主体性作用。

到了 20 世纪 20 年代,电影工业已经具有相当规模,形成了相对完整的生产体系,电影的放映网络更是遍布全球各个角落。这一时期出现了以大卫·格里菲斯为代表的一批电影语言大师,他们的创造性实践,构建了一整套电影语汇和独立的叙事模式。

在格里菲斯的电影里,不仅运用了从大远景到特写、从固定镜头到运动镜头的不同镜头语汇,还运用了平行、交叉、闪回、并列等不同的剪辑手法。

如果把镜头比作电影语言的单词,那么剪辑就是将单词组合成句子的手段,只有通过剪辑,导演才可以把现实时空改造为叙述着的时空,把电影的单个镜头记录形态发展到由多个镜头组接后形成的电影叙事形态,这就可以使电影根据叙述的需要形成新的结构和节奏。

　　格里菲斯对电影语言的开创性运用,为创立电影语言运用法则提供了基础,而且他的创造至今仍然具有实践价值。

■ 影视艺术

　　1911 年,意大利诗人和电影先驱者里乔托·卡努多在他的论著《第七艺术宣言》中第一次宣称电影是一种艺术。卡努多认为:在建筑、音乐、绘画、雕塑、诗歌、舞蹈这六种艺术中,建筑和音乐是主要的,绘画和雕塑是对建筑的补充,而诗歌和舞蹈则融化于音乐之中。

　　作为第七艺术的电影,第一次把动和静、时间和空间、造型元素和节奏元素结合成有机的整体,这使得电影成为一种独具审美特性的新型的艺术,因此"第七艺术"也成为电影艺术的代名词。

　　继电影之后出现了广播,人称"第八艺术"。电视是继广播之后兴起的新艺术门类,所以被称为"第九艺术"。电视艺术的初创期是在继承和学习电影、广播、舞台艺术的基础上形成的。随着技术的进步,电影和电视在艺术上相互借鉴,进一步促进了影视两种艺术语言的融合发展,于是"影视导演"应运而生。

● 智慧心语 ●

无论何人,若是失去耐心,就是失去灵魂。

——培根

生活的道路一旦选定,就要勇敢地走到底,决不回头。

——左拉

无论大事还是小事,只要自己是认为办得好的,就坚定地去办,这就是性格。

——歌德

人生应该如蜡烛一样,从顶燃到底,一直都是光明的。

——萧楚女

我的未来不是梦

第二章

电影导演

◦ 导读 ◦

　　电影导演是影片集体创作的领导者。他（她）的任务是组织各不同的专业创作人员和技术人员，共同为生产出高质量的影片。电影导演接受文学剧本以后，在制片主任的配合下，组织领导各类创作人员研究剧本，选演员，选外景，进行各种案头工作，然后按制片部门的计划领导现场拍摄和后期制作。

现实主义电影奠基人蔡楚生

1934 年一部批判现实的左翼影片《渔光曲》横空出世,这是中国第一部获得国际电影奖的故事片,使中国电影开始走向世界。在新旧思想相互碰撞的 30 年代,导演蔡楚生用哀婉而悲愤的曲调,向社会制度提出了质疑:为什么"捕鱼的人儿世世穷"?

蔡楚生走过的是一条现实主义、电影民族化的艺术创造道路。他的影片大都深刻地揭示了近代中国的社会矛盾,控诉旧中国的社会、统治阶级的腐败,倾吐人民大众的心声,呼唤黎明解放的到来。他导演的影片艺术特色鲜明,故事曲折动人,有头有尾,人物性格刻画细腻入微,内涵丰富,从多个侧面表现了中华民族传统的伦理道德。

蔡楚生堪称面向大众的典范。他心向大众的情怀,非天生成就,他是少年从影,自学成才,在中国共产党的领导和影响下的左翼文艺运动中熏陶浸染而逐步形成的第一代电影人。蔡楚生出生于上海,祖籍广东潮阳。早年读过 4 年私塾,后来以各种旧报纸作为课本,刻苦自学,孜孜不倦。

蔡楚生的导演生涯并不是一帆风顺的,他有过一段电影院中"偷师"、"偷学"的经历。由于他出身寒微,热爱电影的他不可能一下子便平步青云。早年的蔡楚生曾经在多间电影公司干打杂的活,而他自己则有意识地将银幕当作"实习"的课堂。

每次进电影院看影片的时候,蔡楚生总是随身携带一本白纸簿和一支铅笔,就像一个用功的学生一样,态度极为认真。对于这阶段的学习,给蔡楚生带来很大提升,他所关注的并不限于某种范围,而是属于多方面的。

比如导演的手法、布景、光线、角度、演技、服装、剪辑等等。只要看到自己认为好的，就记录下来，或者把轮廓勾勒出来。然后在之后几个月中，自己继续不断地加以研讨，也就得到了比在摄影场中更丰富的电影制作知识。在成熟电影中偷学其中的技巧，这便是蔡楚生踏入电影殿堂的第一步阶梯。

1927年，大革命失败，蔡楚生也因为参加进步戏剧活动受到迫害。为了寻找一个"能和全国共呼吸的地方"，蔡楚生迈出了人生重要的一步。他违背父亲的意愿，离别一年多前家庭为他选择的贤惠妻子林银菊和出生不久的女儿，只身从广东到了出生地上海。

经过一段流浪之后，蔡楚生经朋友介绍才得以在电影公司找了一个打杂的差事——为影片作宣传，写字幕，画布景，还兼当"龙套"。蔡楚生曾在一部武侠片中客串一个无名无姓的"黑兵"，服装样式不人不鬼，上穿大褂，下着原始人遮体的烂裙，头顶纸糊的鬼冠，脚穿蒙古喇嘛式的僧鞋，手持长枪，脸和手被黑煤水染得漆黑，浑身涂满了令人作呕的红绿花纹。

扮成这样的"人物"实在让人觉得可怕。来电影公司参观的女士们从这些"黑兵"身旁经过，每人鼻子上都掩着一块香帕；蔡楚生也不忍以这等尊容面对朋友，恨不得找个地洞钻进去。

在卑微的演艺生活中，他始终不放弃对电影艺术的追求，不愿将自己的电影生命"葬送在这样一个莫名其妙的环境里"。随着时间的推移和经验的积累，当自身的业务水平颇有长进、令公司老板刮目相看之时，蔡楚生跳槽到汉伦影片公司、天一影片公司任职。

经过了这一番历练之后，他终于敢在中国"第一代导演"郑正秋面前毛遂自荐。那是1929年冬季的一个夜晚，蔡楚生鼓足勇气叩开了郑先生的家门。据蔡楚生自己回忆，那天晚上，"在忧急中，我顾虑不到自己的见解是否可靠，智识能力是否胜任，劈头就如翻江倒海似的，敷陈我对于中国电影的意见，和很冒失地请他信任我做他的副导演"。

正是在这关键的一夜，郑正秋慧眼识珠，允诺蔡楚生担当自己的助手。从此，蔡楚生有机会在郑正秋的提携下，放手开始进行他的电影实践。

蔡楚生在郑正秋身上学到的最大技巧便是懂得聆听观众。每次拍完电影,他总是第一时间和观众一起到戏院观看自己的作品,同时偷听别人的议论,哪里出色,哪里不够完美,蔡楚生都一一记在心中,回去之后便努力修改,这个习惯一直保持下来。

这就是蔡楚生毛遂自荐的故事,正是因为他有着毛遂自荐这样的精神,才使得他为自己打开了一道通往成功的门。

蔡楚生之所以成为蔡楚生,不仅仅具备这些精神,同时,他还有这非常执著的精神。蔡楚生有个外号叫"夜妖精",是联华同事王人美、黎莉莉奉送的,因为他熬夜工作的劲头太令人吃惊了。拍摄《都会的早晨》之时,蔡楚生更是有一种紧迫感,先是熬了十几个通宵写就剧本,接下去分镜头、设计布景、挑选演员等等事宜,夜以继日地干了起来。在工作上,蔡楚生喜欢事必躬亲。他擅长绘画、常常将自己的构想随手绘成草图,使合作伙伴一目了然,在摄影、置景、场面调度等环节及时领会他的导演意图。执著的精神和敢于挑战旧俗的勇气使蔡楚生很快便赢得了左翼影评人的赞誉。

电影视觉效果的探索也是蔡楚生创作灵气的一种体现。他曾经在电影里头创作过一个眼睛不停转动的画面,演员的脖子被固定起来不能随便动弹,实拍时采用精确的两次曝光法,先拍左半脸,再拍右半脸,让演员的一对眼珠朝左右两边各转动一次,最后经过洗印合成,这个天衣无缝的特定镜头就大功告成了。只是苦了那个扮演诙谐角色的演员,他在摄影棚里大叫滋味难熬,"就像好莱坞电影里一个被判了死刑的犯人坐电椅"。这个煞费苦心的噱头果然取得预期效果。每次放映到这儿,观众席必引起惊叹之声,乃至连眼科医师也被蒙在鼓里。值得强调的是,在这个小插曲的背后,蕴含着蔡楚生探索影片可看性的自觉意识。他所孜孜以求的雅俗共赏效应,于此可见出端倪。

逐梦箴言

光鲜背后总是带着太多的辛酸,找准自己的目标,给自己一个坚持的理由，只知道，确定了就义无反顾，要输就输给追求，要嫁就嫁给幸福。

知识链接

1927 年大革命

大革命即国民革命。也称为第一次国内革命战争，是指中国从 1924 年至 1927 年 7 月，以国共第一次合作为基础建立了革命统一战线，反对北洋军阀的革命反帝反封运动。 1924 年国民党一大的召开，国共第一次合作。 1924 年 5 月黄埔军校建立，为建立国民革命军奠定了基础。1926 年北伐战争开始，北伐目的：推翻北洋军阀的统治，统一全国。 1927 年 4 月 12 日，四一二反革命政变，国共合作破裂。

从纺织厂工人到大导演张艺谋

张艺谋,中国"第五代导演"的代表人物之一,其电影在中国电影发展史上占有重要地位,同时在国际上也享有很高声誉。2008年北京奥运会开幕式、闭幕式总导演,获得过美国波士顿大学、耶鲁大学荣誉博士学位。

他的电影集民族文化、社会思考、文化寻根和电影创新于一体。他执著挖掘电影语言的潜力、追求构图的力度、意想的丰富和色彩的饱满,通过反常规的银幕造型给人以强烈的视觉冲击,以此达到独特的艺术境界。

早期张艺谋以执导充满中国传统文化的文艺电影著称,艺术特点是细节的逼真和主题浪漫的互相映照,善于电影色彩学和捕捉人物内心世界细腻动人的事物,而且每部影片的表现手法也在不断更新,他的影片有的在国际上获奖,使沉寂多时的中国影片开始受到世界瞩目。他的电影风格勇于创新,且涉及题材广泛,每次上映都能引起国内舆论的高度关注。

张艺谋于出生在西安市的一个知识分子家庭。由于父亲出身不好,他从小就受到各方压抑,养成了内向、沉默寡言的性格。初中毕业后,他去农村插队务农。后来,进入陕西第八棉纺织厂织袜工艺车间,干过电工、搬运工,后调入工会做宣传工作,出板报、画宣传画、拍照片等等。就在那时,他显露出非凡的摄影天分和才华。

1978年5月,北京电影学院开始招收"文革"后第一批本科生,其中包括摄影专业。这个消息对张艺谋来说是一个极大的诱惑。他知道,这是改变命运的唯一途径,于是准备报名北影。

然而,已经27岁的张艺谋远远超过了22岁的报名年龄上限,这无异于给他的梦想画上个句号。可执著坚毅的张艺谋不甘放弃,面对这千载难逢的"机遇",他别无选择,只有一试,他想即便失败,也在所不惜。

　　几经周折,加上几次碰壁经历,最后,一直没有放弃的张艺谋,被电影学院破格录取。从此,张艺谋作为一名"代培生"开始了渴望多年的大学生活,1982年毕业后,他被分配到广西电影制片厂当摄影师,从此开始了电影生涯。

　　张艺谋是高考制度的受益者,机遇对任何人都无比珍贵,唯有不懈努力、牢牢把握,才有机会。张艺谋他没有因为失败而放弃,反而认为这样的"机遇"是弥足珍贵的,一定要珍惜,好好把握。

　　张艺谋之所以能够成为非常出色的电影导演,除了他在理想面前不畏艰难困苦、努力向上外,他还具有非常执著坚韧不拔的精神。当然,无论在什么行业中,都应该具有这样的精神。在拍摄《金陵十三钗》的过程中,张艺谋就充分调动了自己的执著精神,才促使《金陵十三钗》如此成功。

　　这部电影的剧本于2010年12月16日定稿,历经4年,前后修改五十六稿。张艺谋为了让故事更有意境、有趣,反反复复地与编剧们探讨交流十三钗剧本的设想,探讨故事发展的各种可能性。编剧之一刘恒说,"他(张艺谋)为了剧本能达到合理的要求,他是反反复复的在掂量,工作非常细致,从另一个角度来说,也非常劳累。"

　　张导对剧本人物性格特点的了解细致入微,为了使十三钗这部电影表现更真实,根据剧本描述,决定演员最好是南京人,以南京人为主。因此,他们历时3年,在数十所艺术高校挑选南京籍演员。演员筛选超过2万,而且,电影中教会学校的小演员们要求必须会英文,剧组人员找遍南京各大外语学校寻找合适的小演员。

　　张艺谋会亲自看所有待定小演员的视频,2010年12月7日,张艺谋赴南京亲自考核小演员,进行认真挑选。他非常精心的观察这些小演员们,并且反复的指导小演员们练习演戏。戏中所有服装道具等等细节,张艺谋都要求有根有据,并且与历史资料一一核对。

　　在《金陵十三钗》这部电影中,有一个非常美丽的镜头,就是一女学生的视角透过彩色的玻璃窗,看见一群美丽的秦淮河女人。在这个镜头中,玻璃的绚烂映衬了女人的艳丽,而玻璃就成为了一个非常重要的物件。

在拍摄过程中,就这块玻璃使张艺谋导演付出了非常多的精力。张艺谋认为要为这个主观镜头做,就应该做的尽量薄透一点,因为阻光率不能太高,涂料里面不要加有机的质感太多。

商讨后,美术组试制了很多彩色玻璃,却始终在透光度、色泽方面达不到导演要求。经过多次调试,玻璃在透明度和色彩上终于达到了张艺谋导演的要求。但是没过多久,张艺谋就发现了新的问题。他觉得机械切割的玻璃孔与真正子弹孔拍摄的效果在纹路肌理上是不一样的,就这个问题,张艺谋说,"我发现我们那个前景犯了一个错误,不自然,专门开几个我们要的孔,没有任何裂纹的痕迹,如果没有那些碎片在旁边,那个孔的微妙的感觉就没有,现在开的那个洞拍特写,它有很多很多微妙的东西。你不真打,出不来这个感觉。我宁可补拍,我要它真实。"

张艺谋这种对艺术追求完美,对一个镜头非常执著的精神,以及他认真负责的工作态度,影响到了很多身边的人,也得到了工作人员的佩服。

在拍摄《金陵十三钗》这部戏的过程中,跟张艺谋一起工作的工作人员,都有这样的感受。从 2011 年 1 月 10 日导演喊出的第一声 action 开始,大家就开始马不停蹄地拍摄,一直到 2011 年 6 月 22 日导演喊出最后一次 cut,大家一起经历了 164 天,电影最终剪定 2958 个镜头,每一个镜头张艺谋都会执著和较劲,也许正是这样一份坚定,才使每一部影片都带有他强烈的风格和印象。只有和他亲历过所有的日日夜夜,才能体会他的那份真诚和坚持。

张艺谋的执著的坚持和真诚足可以打动观众,然而,他还有一颗感恩的心,这还有一个张艺谋胶鞋的故事呢!

在当年拍摄《黄土地》的时候,张艺谋还只是个摄影师,衣着极其简单,拍戏两个月,就穿一双军用胶鞋。这一双胶鞋,为他能拍好片子而跑前跑后,立下了汗马功劳。当拍完最后一组镜头之后,张艺谋和陈凯歌等人急着回北京冲洗,他们从早上 7 点出发,直到天黑了才走入山西地界。因为当时山西全境修公路,他们的车走走停停,直到午夜时分,天降大雨,路走不通了,他们只好调头到太原。调头后,前面的公路就好走多了。眼看大功就要告成了,这时,张艺谋突然要求停车。只见他走下车,脱下那双陪着他拍片的胶鞋,恭恭敬敬地摆在公路中央,并且口中还念念有词道,"兄弟,你跟我不易呀,现在戏拍完了,我要感谢你,我把你留在这里了。胶鞋留在这里,成了永远的记忆。"

这可不是张艺谋偶然的作秀,曾担任《十面埋伏》武打替身演员的成都英雄特技队队长丁涛也曾看到过这一幕。在拍《十面埋伏》时,张艺谋在片场总穿球鞋。丁涛说,"拍张艺谋的戏最大特点就是累,张艺谋累,他身边的人也累。每次在片场我都看见他忙忙碌碌,紧锁眉头和工作人员不断地交流。那时他好像身体不太好,随身带了一堆药。但每次有人劝他休息,他总是摇头。"当片子好不容易拍完后,张艺谋也举行了一个向自己鞋子的道别仪式。他向那双旧球鞋鞠躬告别!

仅仅是一双普通的鞋子,但是却饱含着各种艰辛磨难。不仅见证了脚下的路,而且承载了张艺谋走过的风风雨雨。张艺谋对鞋鞠躬的这一表现,既是对自己努力的尊重,也是对生活的感恩。他带着这样的精神所排出的电影,怎么能够不感动观众呢?而他的这种精神,怎么能不值得大家学习呢!

逐梦箴言

"执著",原为佛教语,指对某一事物坚持不放,亦指对某种食物坚持不舍。执著,也许是固执的坚持,傻傻地奋斗……但是他们都有着梦想,都在为此而努力,这是一种莫大的幸福,每个人都有梦想,但行动的很少,执著的更加稀少。所以,只有成功者才受人尊敬与追捧。

知识链接

"第五代导演"

是指 20 世纪 80 年代从北京电影学院毕业的年轻导演。这批导演在少年时代卷入了中国社会大动荡的漩涡中,有的下过乡,有的当过兵,他们经受了 10 年浩劫的磨难。在改革开放的年代,他们接受专业训练,带着创新的激情走上影坛。对新的思想、新的艺术手法,特别敏锐,力图在每一部影片中寻找新的角度。他们强烈渴望通过影片探索民族文化的历史和民族心理的结构。在选材、叙事、刻画人物、镜头运用、画面处理等方面,都力求标新立异。"第五代导演"的作品主观性、象征性、寓意性特别强烈。

陈凯歌的真善美

陈凯歌，中国著名电影导演，中国第五代导演的代表人物之一。1952年出生于北京，1970年参军，四年后复员转业，到北京电影洗印厂工作。1978年考入了北京电影学院导演系。

陈凯歌的成就首先在于其高度的人文精神，对人的本体与人的生存状态的关注。他善于剖析历史和传统的重负下对人的精神的制约与影响，展现人的复杂性，同时，针砭不合理的非人道的人性弱点。他的影片充满了对更和谐、更明智的人类生存状态的关切与向往。以其深厚的文化底蕴和扎实的艺术功力，表达强烈的人文意识，和坚持不懈的追求，并调动多种电影表现手法，形成了自己独特的电影风格。

外边风风雨雨，陈凯歌闷头在自己世界干了三年，新作《梅兰芳》于12月5日在内地全面公映。《梅兰芳》被外界称为陈凯歌的"掘地翻身"之作。它是在《霸王别姬》登临巅峰之后，陈凯歌接手的又一部梨园故事的影片，也是高票房《无极》遭遇舆论围剿之后的反思之作。

在接受采访时，陈凯歌说，"梅兰芳的一生，严格地讲是一个被绑架的人生。但一个被绑架的人，一个被无形的枷锁绑住的人，为什么又能这么坦然？我就感慨得不得了。"同时，陈凯歌也承认，"我知道我戴着枷锁，但是我没办法。"

他有现实、政治上的顾虑，"拍名人的人生不能没有限制"。但最主要的是他自己对自己的限制。《梅兰芳》的剧本出炉之后，对于梅孟恋这段故事，原本是商业最卖座、最抢眼的一场戏，也是最具有戏剧冲突的卖点，电影里却处理得非常清淡。陈凯歌的解释是，"我有自己的原则，这个电影不卖梅孟恋，我不能利用梅家后人给我的支持，做可能伤害他们的事情！"

陈凯歌内心有自己的一套规矩，就是对自己"高度要求"。陈凯歌告诉记者，作为一个老北京人，小时候带他长大的保姆对他的影响实在很大。保姆就是个很讲究规矩的人，待人接物都很讲究，语言表达方式也很特别。

陈凯歌说，"北京人是要按照规矩来做事情，是对自己有要求的。"对己有要求的人，必然对别人也有要求。

对于《梅兰芳》这部影片来说，陈凯歌要求色彩在环境里都要有自己的美感，而且决不能眩目。这与现代商业片的娱乐大于电影，取悦观众的风格截然不同。

在影片中，老北京戏园子里每一根柱子都不是普通的红色，这个颜色很复杂，它要不断和不同层次的人接触，磨来蹭去、喝茶、哈气、汗味熏人。应该有那种斑驳、剥落的痕迹，形成有肌理的纹路，最后要变成"岁月使然"，变成沧桑历史的一部分。

然而，这样的苛刻但又合理的要求，在电影中，可能只是出现一秒钟不到，甚至直接滑过去根本拍不到的镜头。可是，正是因为有了陈凯歌这样对自己有一套严格规则的导演，才使得影片处处细致，处处精美。

不仅这样，在这部影片中，陈凯歌对于服装的要求也是非常严格的。电影中有 3000 多套衣服，都要改到他满意为止。

有一次，他坐在一个小板凳上，盯着黎明的一身长衫造型看了半天也不说话，看到演员和造型师心里都发毛了，他才说，"这个领子要在高点，长衫的长度也要在加点。"

发型师说，"领子其实最后加高也就是几毫米的样子，衣服下摆长度再加一厘米，对于一件长衫来说，这样的改动在普通人肉眼看来会有多大差别？"

的确是这样，对于普通观众来说这真是没有多大差别，但是陈凯歌却说，"甭管别人怎么忽悠，我们就是要心平气和地来做，这是一个不浮躁的电影。"

这就是陈凯歌,一个全心全意的,为电影事业而奋斗的导演;一个有着自己一套规则的导演。他用自己的认真和真诚打动着每一个工作人员,同时,他也以他的真诚和认真,为广大观众带来了惬意视听,甚至是心灵的享受。

每一个优秀的导演背后,都有着一段艰辛而又感激的路程。并且,不是每一个优秀导演的每一部作品都是非常成功的。陈凯歌也一样,但是他坚信一点,就是"输"不丢人,"怕"才丢人!

陈凯歌在拍《无极》的时候,身上带着一股霸气劲儿,但是在拍《梅兰芳》的时候,他就变得平和了,也温厚很多。在以前拍戏的时候,关于人物造型、摄影方面有问题,工作人员都会互相争论,但只要陈凯歌来了,就一句:"就这样了。"基本上其他人就不可能再有异议了。但是拍《梅兰芳》的时候,遇到问题时,陈凯歌就算是不满意,也不会立即否定了,而是说,"我们都想想,过几天再谈。"

陈凯歌的变化和《无极》有关。这位精英意识强烈的导演,遭遇了最平民,最草根的"馒头恶搞"。他一度当众表达过愤怒,到最后愈演愈烈,甚至完全超越了电影本身。但是愤怒过后,陈凯歌也发生了变化。

陈凯歌面对遭到了激烈批评的《无极》时,他承认《无极》是有缺点,特别是技术方面处于失控的状态。他说,"不是我们设想得不好,而是完成得不好。特别是电脑特技确存在对不起观众的地方。我没有办法,因为当时要上片了。但我一直认为它是一个不错的电影。"

但是《无极》却帮了陈凯歌,因为正是这部电影和它带来的口水批评,让陈凯歌变得可以冷静下来仔细思考问题。为此,陈凯歌得到了两个结论,"第一,我还是要说真话,不能因这件事情使自己世故圆滑起来;第二,它给了我新的拍摄影片的动力,所有最好的东西,都是从忍辱中来的。"

陈凯歌肯于从批评中总结经验教训,他说,"我是普通人,也有普通人有的缺点:好话听多了,必然就晕了,会自以为了不起。这个时候你就做不了事了。其实最简单的道理,月满则亏,你开始觉得自己了不起,就一定会遇到挫折。这时你第一就要想，这准是你自己的问题。你肯去看自己毛病的时候，你可能就找到了进步的可能。"

　　勇于面对自己身上不足的人都是值得人尊敬的人。"输"不丢人，"怕"才丢人。正因为这样，陈凯歌才能越来越发挥自己的优势和大力挖掘自己的潜力，应为有了对自己的总结和认识，因为有了失败的打击，才能越挫越勇，成为一名优秀的导演。

逐梦箴言

　　敢于承认自己的不足，是一种期待成长的勇气。每个人都有长处有短处，真正看清这一点，你才能最后胜于他人。做人要有原则，有自己的底线，这个是指思想层面、道德层面，周围有很多人都是在这两点之间徘徊，其实这两点也无法去准确的定义，因为每个人的生活标准是不同的，唯有自己检验自己，你自己觉得心安理得就好。

知识链接

梅兰芳

　　（1894 年 – 1961 年），名澜，又名鹤鸣，乳名裙姊，字畹华，别署缀玉轩主人，艺名兰芳。祖籍江苏泰州，生于北京的一个梨园世家。梅兰芳是近代杰出的京昆旦行演员，"四大名旦"之首；同时也是享有国际盛誉的表演艺术大师，其表演被推为"世界三大表演体系"之一。

■ "贺岁大王"冯小刚

　　每到贺岁之时,大家都会期待那个其貌不扬,但作品给观众带来欢乐的导演——冯小刚。

　　冯小刚,1958 年出生于北京,中国电影导演。冯小刚作品风格以京味儿喜剧著称,擅长商业片,在业界享有贺岁片之父的美誉。

　　冯小刚出生于北京的普通家庭,年少时曾经居住于北京市西城区车公庄附近。冯小刚年少时父母因故离异,自幼他就和母亲与姐姐共同生活,母亲是个有着坚强生活精神的好妈妈。冯妈妈 40 多岁时就开始与病魔作斗争,50 多岁起身患重病瘫痪在床,尽管冯妈妈的身体很不好,但是她始终以坚强的精神鼓舞着儿子冯小刚,她曾经在病痛中对冯小刚说:"儿子,你将来会顺顺利利的,因为所有的苦难都让妈妈一人尝尽了,只要你有了出息,妈妈的罪就没有白受!"

　　冯妈妈这种伟大的母爱精神,不能不说始终在潜移默化地激励着冯小刚在人生的路上不断进取!当年冯小刚在读完中学后,首先投身了军营生活,在北京某装甲部队从事基本宣传工作,涉足学习与实践相结合的社会生活。转业后进入北京城市建设开发总公司任工会文体干事。1985 年,调入北京电视艺术中心成为美工师,先后在《大林莽》、《凯旋在子夜》、《便衣警察》、《好男好女》等电视剧中担任美术设计。后由其好友、搭档——葛优介绍他参加上海电影节,从此正式开始其电影生涯。

　　电影导演在选定一部影片之前的定位是非常重要的,冯小刚几乎每一部电影的定位都非常准确,他非常准确地把到了中国观众的脉。电影《非诚勿扰》的雏形诞生于冯小刚 2008 年上半年的一次度假,军人出身的冯小刚那时刚刚打完一场硬仗——他在辽宁沈阳和本溪郊区的数九寒天里,和数百人的剧组爬冰卧雪,拍完了《集结号》。

关机那天,他说了一句,"拍了这些年,从来没有这么累。"当时冯小刚脸上血色全无,摘下帽子才发现,白发又多了一层。再次面对媒体时,他一脸严肃地告诉大家:我对拍电影这事,兴趣已经不是特别大了。身心俱疲的冯小刚在《集结号》票房突破 2 亿人民币之后,收拾起行李去云南度假了。在他的行李箱中有一张 DVD:台湾导演陈国富的《征婚启事》。看完《征婚启事》时,冯小刚正在度假的旅程中。

在他的脑海里,同病相怜的一男一女正在踏上寻找人生另一半的奇妙旅程。后来冯小刚用了两个月的时间,自己一气呵成写完了《非诚勿扰》的剧本。

2006 年 11 月,一场大雪突降北京,首都机场 503 驾航班被迫取消,近万旅客滞留机场,冯小刚也在其中。机场的扑克牌迅速卖空,徐帆在向工作人员打听改签事宜,冯小刚看着眼前熙攘而过的旅客,脑子里又出现了一部电影:那是一个爱情故事,一个男人就在这样一个非常时刻,邂逅了曾经爱过的三个女人。

那也可能是个喜剧故事:一个明星端起架子,趾高气扬地走进头等舱,面对大家的签名要求谁也不理,众人失望而归;等待起飞的过程中,经济舱的乘客们相互聊天、打牌;漫长的等待中,被晾在一边的明星寂寞难耐,悻悻地在人群背后,看着他们玩牌。

如同上述那些在冯小刚脑海里灵光乍现的电影片段一样,《非诚勿扰》的诞生如出一辙,唯一不同的是,它被拍出来了。在他心目中,这个故事最动人之处是洋溢在每个人心中的浪漫。咖啡厅的窗外,搭着刚立起来不久的脚手架,工人们在上头拆卸作业。后来,冯小刚把这个浪漫的故事,带到了他曾经去过的旅游胜地,日本北海道。浪漫离不开美景,更需要佳人。

相声加小品,这是冯小刚对《非诚勿扰》的另一个总结。一直善于给观众把脉的冯小刚,比谁都清楚,这年头,最火的相声是郭德纲,最牛的小品是赵本山。真做出了来劲的"相声加小品","观众肯定跟我走"。3 亿多的票房证明,冯小刚的定位非常准确。

导演的定位是影片成功与否的重要因素之一，影片的故事也是非常重要的。冯小刚认为，剧本不可能随便就写好，一定是长期的积累酝酿出来的。

《温故 1942》从小说变成电影经过了一个漫长的过程，冯小刚回忆说，在决定要改编成电影时，原著刘震云曾对冯小刚说："剧本有两类，一种是一帮非常聪明的人坐在宾馆里面头脑风暴刮出来的；还有一种剧本是在路上走出来的，是几个笨人想的事。我和你是两个笨的人，我们不可能蹲在办公室门口能想出这个故事来。"

冯小刚的新片《一九四二》就是他和刘震云走在采访路上写出来的。他们走了一遍小说中灾民走过的路，最后的结果让冯小刚欣喜。"在路上我发现这个故事不断丰满，每个人物沿着自己的轨迹在生长。"刚开始的时候，有很多人觉得原著小说不适合拍成电影。但冯小刚和刘震云在重走 1942 年河南灾民逃荒的路线时，他们走过河南、山西、重庆，采访了很多幸存的灾民，得到的故事根本不是在宾馆里就能想象出来的，人物也逐渐变得丰满。刘震云光剧本写了七万多字，电影初剪出来长达四个多小时，最后只留下两小时二十分钟。

冯小刚呼吁"好故事是长久酝酿才写出来的"。并不是在接到一个故事大纲后，用一个星期就写完的剧本，这样写出来的一定不是一个好故事。

冯小刚不仅对剧本故事的要求非常高，他对于影片的质量要求也同样很高。在拍摄《唐山大地震》时，冯小刚拿到剧本的那一刻，就非常清醒地知道这是一部灾难片。虽然这是一部"内容大于形式"的灾难片，但是，对于地震现场的表现却非常到位。"因为只有这样，大家才会知道这家人那个晚上经历了什么。必须让观众身临其境，感觉到毁灭。"所以，为了营造出逼真的地震效果，冯小刚不惜血本。

但是由于国内电影工业科技的滞后，技术支持的匮乏成为整个拍摄过程中遇到的最大困难。在我们国内都没有拍摄比较大规模的、真实的灾难场面的经验，通常都是用一些小镜头、碎镜头来表现灾难的局部，或者说用粗糙的特技去弥补。但是冯小刚非常注重这部电影前面一段地震的效果。

影片开拍一个多月以后，冯小刚看了拍了一个多星期的地震场面样片，觉得效果与预期相差太大，于是整个拍摄被迫停工。那一段时间，解决地震画面成了冯小刚非常头疼的事。他认为,目前国内的电影技术设备不见得落后,关键是人才跟不上。比如,在好莱坞的人看来都是一些一流的设备,可是这设备中有一万个功能,可能我们就只掌握了一千个。有好多功能都有,只不过不知道该怎么用。于是,为了营造逼真的视觉效果,请来曾经为电影《指环王》做过特效的新西兰威塔工作室,用了 10 个月的时间搭建了整条街 1:12 的模型。

同时,又请来韩国团队做地裂效果,把设备铺在地下,然后种树埋土。为了让主楼坍塌的场景更加合理,请来了英国 MPC 公司,并调用了军用设备,对楼房进行三维透视扫描,通过物理测试计算出楼房倒塌的每一个步骤和对周边环境造成的影响。为了保证长镜头的真实性和连贯性,采用了 MCC 运动控制摄影系统,用多次拍摄合成一个镜头,并保证每一次镜头运动的速度、角度和上一次的轨迹完全一模一样。

对于这部电影的拍摄,冯小刚他们剧组使用了所有能用的世界上最先进的东西。成为华谊兄弟有史以来单片投入最高的一部影片。但是,最终效果是达到了,在惊心动魄的地震画面出现时,没有一个观众不为之紧张的。

逐梦箴言

每个人都需要一份真诚的鼓励,只有得到所有人的加油,并且自己也要努力才能成功。

知识链接

《魔戒》

又称指环王,是英国作家约翰·罗纳德·鲁埃尔·托尔金的史诗奇幻小说,最初在 1954 年至 1955 年之间出版,是托尔金早期作品《霍比特人历险记》的续作,在内容的深度和广度上都得到了扩展,目前已被翻译成 38 种语言。后来被改编拍摄为同名电影,也有以此为名的游戏、歌曲等。

我的未来不是梦

● 智慧心语 ●

今天能够着手进行的事情绝不拖到明天.

——林肯

最困难的时候,也就是离成功不远的时候。

——拿破仑

生活的意义在于创造,而创造是独立自在、没有止境的

——高尔基

读书足以怡情,足以博采,足以长才。

——培根

第三章

电视剧导演

◦导读◦

　　说起电视剧，人们能说出无数个喜欢的或不喜欢的电视剧名字，然而，说起电视剧导演，却没有人能说得出几个。电视剧导演，这些幕后英雄，他们在用自己的辛酸和努力，为广大观众创造出了茶余饭后津津乐道的话题，然而，却没有人了解在这些辉煌的电视剧身后，却有着他们无尽的艰辛。

■ "故事大王"郑晓龙

郑晓龙,中国内地著名导演。郑晓龙坦言自己本来不是一个非常自信的人,但一开始接连干了几个片子后,结果都成功了,就觉得自己还行啊!也就这样多年来他不断地充实学习,一部部戏拍下来,并且越拍越好了。

郑晓龙最开始参与比较深的是电视连续剧《渴望》,当时这部片子对社会引起的震动比较大。首先它是室内剧,讲的都是老百姓的具体生活,改变了我们长期以来电视剧说大道理的局面;第二个成功的是它讲的都是老百姓家长里短的事情,第一次把家常便饭的事情作为电视的主题和正面的东西来表现。另外,郑晓龙认为这部片子成功之处,还在于是讲人性的真善美的作品。

郑晓龙对于构架一个电视剧的故事,有着特殊的方式。那就是集思广益,来一场"思想风暴"。都说郑晓龙是"故事大王",他肚子里有说不完的故事。当年,郑晓龙和李小明、王朔、郑凯龙,"北视"四大才子坐在饭店的包间里聊天,这一聊就是好几天,最后聊出了《渴望》的故事框架。李小明回家写大纲,之后,几个人再聚到一起,聊细节,聊人物。从《渴望》开始,电视剧主创中添了一个新名词——策划。

直到《金婚》,郑晓龙依旧不忘集思广益,发动更大规模的"头脑风暴"。郑晓龙说,像《金婚风雨情》这样的剧本是非常难弄的,很难为编剧王宛平,她把自己的生活彻底掏空了也不够用,这里有大量的故事是大家坐在一起聊出来的。

而在创作《金婚》时也遇到这样的问题,写着写着,写不下去了。写不下去了没有关系,郑晓龙就找来一帮人,大家坐在一起开始聊天,聊着聊着,就能聊出很多新鲜事来。这样,剧本的内容也就渐渐丰满了起来。

郑晓龙导演在剧本创作上有独到见解,在拍摄过程中,更是注重细节。他一直认为细节的真实决定情节的真实。郑晓龙说,他拍戏,从不敢拿来就拍。因为他认为细节特别重要。在拍摄《甄嬛传》的过程中,郑晓龙就非常注重细节的拍摄。

在这部剧中,郑晓龙是想带有批判色彩地拍一个非常真实的后宫。在通篇故事中,可以说,甄嬛对皇帝是爱恨交加的。这种复杂的情感说明,在封建社会想要得到那种纯真的情感是不可能的。所以,郑晓龙导演在营造氛围的时候,整体的感觉也越来越阴郁。当然,剧中的服装和道具都非常漂亮,而且也非常精致。皇宫里的人肯定是锦衣玉食,但他们也是战战兢兢、如履薄冰,这样才真实。郑晓龙在与编剧聊天的时候,就特别强调了礼仪、吃、穿等细节问题,甚至包含他们去领月例银子的情形,都非常注重。为此还查阅了不少的资料。

《甄嬛传》的原著中,有大量令人着迷的对服饰的描述,为了在荧屏上"再现"这些华美服饰,郑晓龙请来了 2008 年北京奥运会开幕式服装造型设计师陈敏正和曾凭借《梅兰芳》拿下金马奖最佳服装造型的设计师陈同勋。两人在接受专访时透露,这些好造型的诞生,与导演配合、财力投入非常相关。

对于服饰的设计方案,郑晓龙最终选择了最贵的方案,并要求所有饰品都必须是"真东西"。《甄嬛传》所有头饰和饰品都"空前绝后","我们把所有设计好的饰品都拆掉,可能单一朵花,某一个配件还能用,但一模一样的造型不会有了。"不仅是服装、造型的创意,班底对人物的理解和拿捏也至关重要。工作人员不单单只是设计衣服,而是设计人物","后宫"佳丽三千,如何体现出不同人身份、性格和特征,如何在整体上看起来和谐一体,有很大的难度。

在一场戏里,颜色系统经常要有包括几千种色块,剧中更用了大量以前古装剧没用过的面料,韩国纱、日本纱和国内的真丝绸,"每场戏还会做大色谱,一套衣服可能远看是红色,但下摆、袖口、镶边,所有细小的花的颜色都要搭配,每一个人物,每一套衣服都是一个系统。"最终,《甄嬛传》整部戏单是饰品就做了 350 多套,服装则多达 800 多套,其中为女主角孙俪量身订造的服装多达 48 套。

以小见大不仅是小说的手段,也是影视艺术的手段。影视不像话剧、京剧讲究间离效果。影视是物质世界的真实还原。所以电影电视必须把细节做得好。不仅是在对礼仪、吃、穿等细节问题非常注重,就连对语言的把握,都非常认真。

在这部电视剧中,采用了半文半白的对白形式,原著就是用这种半文半白的对白形式。人物语言是带有感情色彩的,尤其是宫廷戏,语言风格是一个非常重要的表现手法。但是,尽管要追求当时感觉的真实性,但是,郑晓龙导演还是尽量使对白变得通俗了一些。

从剧作的真实性来把握,过去的知识分子、农民等不同身份的人的语言特点是不同的,而对于这一点的把握,也是一名导演最基本的要求。

而对于在创作剧本有一套手法的郑晓龙来说,《甄嬛传》剧本的创作,出自原著流潋紫和郑晓龙的妻子之手。整个剧本一共做了有一年半的时间,光剧本就改了十几个版本。在流潋紫刚开始写剧本的时候,会将各种细致的情节写得非常清楚,也会保留原著中大量的古诗词,然而有时候,甚至忽略了故事的主线。

在整个创作剧本的过程中,一直是郑晓龙以他多年的经验和阅历进行指导,在删掉一些过分书面的语言的同时,保留了很多原汁原味的台词和诗句。2010 年初《后宫甄嬛传》剧本初稿完成,郑晓龙导演和编剧王小平老师与编剧流潋紫开始精修剧本,同时孙俪开始看流潋紫的小说,我们开始确定主创队伍。

4 月份晓龙导演、总制片人兼发行总监曹平和我去了趟承德避暑山庄,发现了个大问题,雍正皇帝在位 13 年居然没有去过承德避暑山庄,而我们的剧本里却有好多承德避暑山庄的戏,回京后与编剧迅速调整,改为了圆明园,也符合雍正帝夏天在圆明园办公的史实。

以此为鉴,导演和主创几进故宫,从宫殿的布局,比如皇帝上下朝到各宫的距离、寝宫的家具陈设,如太后、皇后、嫔妃甚至太监宫女的住所、还有清朝历代皇帝的画像、着装以及典章制度等等,事无巨细加以落实,力求尊重历史、还原史实。

如果要选一位见证内地电视剧30年发展的业界人物,导演郑晓龙无疑是最权威人士之一。从1982年北京电视艺术中心成立至今,郑晓龙不仅是这个行业的第一批拓荒人,而且一直活跃在内地电视剧界生产制作的最前沿,由他担纲策划或亲自指导的大部分电视剧都具有里程碑式的意义。30年间,整个行业的变化很多,但对郑晓龙来说,唯一不变的是对内容和品质的坚持。

逐梦箴言

人的经历有限,总会有自己不明白、不理解的东西,总会有自己不知道该怎么处理的事情。遇到这种情况,最好能够多方面听取别人的意见,集思广益,毕竟"三个臭皮匠顶一个诸葛亮","三人行必有我师"。

知识链接

王朔

我国著名作家,编剧。1978年开始创作,先后发表了《玩的就是心跳》、《看上去很美》等中、长篇小说。出版有《王朔文集》《王朔自选集》等,他的早期小说诗歌文学作品都是以自己部队"大杂院"的成长经历为素材,后来的小说则形成特有风格,对白通俗化又充满活力,叙述语言则戏谑、反讽为主,对权威话语和知识分子的精英立场都有嘲讽,后进入影视业,电视剧《渴望》和《编辑部的故事》都获成功。

■ "造星达人"赵宝刚

赵宝刚和当今活跃在影视界的导演们的经历大不相同。1955年,赵宝刚出生在北京一个普通家庭,小学毕业后,因为历史原因结束了赵宝刚继续读书的希望。16岁当了翻砂工,在沉重的劳动之余赵宝刚也是个"文艺积极分子"。"我对艺术没有热爱,只有羡慕",赵宝刚坦言并没有明确的理想,但他坚信自己的头脑聪明、是个有能力的人,"只不过将来成什么事并不清楚"。 在首钢当工人的时候,他话剧、朗诵、声乐都学了一些,能上手20多种乐器,终于有一天车间汇报演出,让团员出节目,有人说那个赵宝刚会朗诵,于是他当着全厂6000多人朗诵了《师长敬我一杯酒》,一下在厂里火了。

他回忆说:"我找青艺的老师学过话剧,到工人文化宫练过美声,年年参加厂里的文艺汇演,还毛遂自荐参加北影的一部科教片的拍摄。我现在还记得这部片子,叫《我得了肺结核》。"

1980年,北京电影学院表演系培训班向社会招生,赵宝刚顺利考上了。这时,正赶上林汝为导演拍摄《四世同堂》。第一次试镜,初生牛犊不怕虎的赵宝刚就对林导说:"我什么都能演。"他的狂妄得罪了导演。赵宝刚笑称:"当时我只是个业余演员。林导直率地对我说,'李雪健都不敢说他能演,你敢说。'于是扔给我剧本,晾了我两个月才正式定下让我演。"

对于自己的演技,赵宝刚至今还是相当自信,他毫不客气地评价新版"瑞丰"没有他当年的风采:"我演得可比他好,就算他演得好,我也不能说他演得有我好。总之先入为主,这也是翻拍剧无法逾越的原因。"

赵宝刚导演非常聪明,首先他选择的是老百姓关心和关注的热点故事。这里所有的热点故事并非是"人咬狗"式的所谓社会热点,而是跟普通的观众产生心理共鸣的心理现象,他是暗合了主流的情感心理和情感趋向。赵宝刚导演的所有作品中,凡是暗合了主流社会情感心理的剧都有较高的收视率和社会反响,比如说《过把瘾》《别了,温哥华》等等。赵宝刚坚持了大众趣味至上的原则和追求,这是他作品成功的最核心的因素。他认为他的作品有'大众缘'。为什么会有'大众缘'?因为他坚持了大众趣味至上的作品,这是最重要的因素。"

赵宝刚最初是以演员的身份接触影视的,在1984年之后,他转去北京电影制片厂做了6年剧务。"在青春期的摸索过程中,并不知道自己能做什么。当演员,很辛苦,也不能代表我所有的能量,我想试试自己还能做什么。"做剧务的那段时光,赵宝刚每天的工作内容就是为办公室的两位副主任"端茶倒水",在此之外,他利用一切时间跟随剧组学习,从摄像、配音到剪片。他还自学写分镜头,然后在现场偷偷地跟导演比较。

赵宝刚在选择演员方面,用心良苦的导演。在拍摄《永不瞑目》这部戏时,赵宝刚要推出青春偶像,男主角肖童,在上海找到身高1.80米的陆毅扮演,女主角欧庆春身高就要1.75米左右。可现在的电影学院和戏剧学院培养出来的学生,却是"青衣少、花旦多",身高1.65以上的几乎没有。广州模特苏瑾身高合适,长得也美,但就是不大会演戏。苏瑾主动找过赵宝刚,赵宝刚迟迟没定。后来赵宝刚去香港选演员未果后,再次同苏瑾谈了4个小时,只感到彻底不行了。但到回京,内定的另一个演员是从美国回来的,表演还行,但身体太瘦,穿上白警服就是支不起来。这时,赵宝刚想道:如果让苏瑾穿上这身衣服又如何,于是打电话到广州邀苏瑾来北京。苏瑾穿上那身白警服,真是漂亮。赵宝刚说,就要她这模样,至于一身的毛病,我改她,扳她。

调了两台摄像机,赵宝刚让大伙跟她聊天,苏瑾当时不知道,她的一颦一笑,已录下来了。到了晚上,赵宝刚对她说,咱们生活中的一些事,已为你拍下来了,你要拍戏,先看看在镜头上你是什么样子。摄像机一放,苏瑾傻了,说:"我怎么会这么难看。"赵宝刚不客气地对她说:"你看看你像'永不瞑目'里的女警察吗?"苏瑾连说:"别看了,别看了。"赵宝刚对她说:"你一定要看,要好好地看。"

拍第一场戏,赵宝刚将最不好的镜头剪下来让苏瑾看,改掉她说话时难看的口形,面部表情乱飞,以及幅度很大的形体动作,先把这些毛病改过来了,弄顺溜了;下一步,让她放松;第三步,才谈演角色、说戏。非专业演员的苏瑾在《永不瞑目》这部戏里达到了令人意想不到的成功。

《永不瞑目》的狂潮,首先来自男女主角的扮演者陆毅、苏瑾的魅力。他们都是荧屏上观众不太熟悉的新人,领衔主演更是第一次,赵宝刚发现他们的潜质,再加以调教、挖掘、培养,一部戏便大红大紫。陆毅把戏中"才貌双全、聪明绝顶"的肖童,演得惟妙惟肖,成了影迷追逐的对象,用他自己的话说:"每一次总是逃过去再逃回来。"

在赵宝刚手下,演一部戏便成名的不止一两个。青年演员徐静蕾上第一部戏《一场风花雪月的事》的女主角吕月月之后,人们便称她为清纯一派的代表。可徐静蕾对我说,一开始她每天就像去送死那种感觉。这部戏是同期录音,她一张口,导演赵宝刚就说不对,停下机来,晚上一句一句同她对词。让她适应了一段时间,但还是不怎么好,处于一种僵的状态中。赵宝刚就对徐静蕾说:"你放松演,甭考虑我。"徐静蕾慢慢放松了,到后来就有一点技巧了。后又重拍了前期拍得不很满意的镜头。赵宝刚对演员和演技的要求是很高的。对演员严格要求,严格到近乎冷酷。

在《一场风花雪月的事》电视剧中成功扮演男主角潘小伟的演员,是个台湾的歌星,也没演过戏,同选苏瑾演欧庆春一样,赵宝刚要的是他的模样。因为戏中的潘小伟是从港台来的,内地很难找到他那样气质和感觉的演员。

潘小伟一次又一次的入不了戏,可是赵宝刚一次也不含糊,一遍一遍地对他说:"不对,不对"。最后急得他直哭,大男孩啪嗒啪嗒地掉眼泪。赵宝刚就一遍一遍地给他纠正、点拨。

赵宝刚的戏之所以拍得非常精致,因为他绝不轻易放过每一个演员的表系细节、每一句台词、每一个画面。

逐梦箴言

世界上除了特殊的机缘，往往能力的积累与形成都是靠"有心"而逐步达成的。唯有这样的有心的一点点的积累，才是成就一个人的根本途径。

知识链接

《四世同堂》

老舍先生的名著《翻拍》，一直以来都是热点，《月牙儿》、《我这一辈子》、《茶馆》加上现在这部《四世同堂》，都是脍炙人口的老舍先生的代表作，更早一些，老旧版本《四世同堂》，1999年为纪念老舍先生诞辰一百周年而推出的电视剧《离婚》、《二马》，也都是制作精良的好剧。

■ 大器晚成的导演康洪雷

2000 年和 2007 年,《激情燃烧的岁月》和《士兵突击》分别在荧屏上获得巨大成功。这两部电视连续剧都是在地方台首播,在观众中和评论界好评如潮,而且带动了同题材电视剧的创作高潮。

执导这两部电视连续剧的康洪雷是一位大器晚成、不算多产但创作质量上乘的导演。这几年中他还执导了《青衣》、《有泪尽情流》、《一针见血》和《民工》等四部作品,每一部都有很好的收视率和较高的评价。尤其是《士兵突击》的成功被称为奇迹。

康洪雷所执导的作品在题材上各不相同,他分别将关注点落在从战争年代枪林弹雨中走过的老军人,经历文革的京剧演员,当代的下岗女工、刑警、民工和普通士兵身上。但观看后会发现,在看似毫无关联的几部作品中又有相似的主题和内在的一脉相连的精神追求。

康洪雷,内蒙古呼和浩特市人,1962 年 11 月 6 日出生,1979 年就读内蒙古艺术学校话剧表演专业,1982 年分配至内蒙古话剧团当演员,1989 年调至内蒙古电视台电视剧制作中心任导演至今。2008 年第二十四届中国电视金鹰奖——最佳导演奖。

《激情燃烧的岁月》是康洪雷独立执导的第一部电视剧,而在此之前,没有多少人知道康洪雷是谁。《激情燃烧的岁月》红遍大江南北之前,康洪雷涉足电视剧圈已经 23 年了,从配角演员,到主演,再到副导演。光是在副导演这张板凳上,他足足坐了 15 年。

转机源自康洪雷无意间阅读的石钟山的中篇小说《父亲进城》。作品中的民族气节与人文情怀深深触动了康洪雷。于是他拿着小说找到了编剧陈枰，想与她共同改编成剧本拍成电视剧。陈枰问："谁拍？钱哪来？"康洪雷拍拍胸脯："我拍。但你不写出来怎么会有人投资？东西要呈现出来给别人看，空手套白狼可不行。"几个月后，剧本如期完成，即《激情燃烧的岁月》。康洪雷拿着剧本开始四处寻找投资。他笑称自己当时的状态可以用"激情澎湃、不厌其烦"来形容，但结果让人失望。对当时的康洪雷来说，不融到资金几乎是不可能完成的任务。投资人们回答他的大多是："拍可以，换导演。"康洪雷至今仍然感激当年张纪中对他的帮助。"我在任何场合都说张纪中是我的恩人。他在关键时刻给了我很多帮助，他多次与投资方谈，谈对我的了解、对我的信任——因此才有了我第一部戏的诞生。"本子有了，资金解决了，戏也如期拍好了，可播出平台和渠道却成为最后的瓶颈。

一家著名的电视台将《激情燃烧的岁月》断然拒之门外，其理由是：第一，"主演不会演戏，导演不会导戏。"；第二，这部戏是"对中国婚姻法的践踏"。《激情燃烧的岁月》后被勉强卖给其他电视台。然而该剧在其他电视台一经播出却如巨石击水，"激情"之火从年头熊熊地燃烧到年尾。"每一个导演起步都是这样困难的，"提起那段激情燃烧的艰苦岁月，康洪雷表现淡然，"变革时期，人想改变命运、实现梦想非常困难，但不能因为难就不做。掉头走最容易，摔门而去很简单，但这些与你的梦想是背道而驰的。"

2005年，康洪雷筹拍《士兵突击》的境遇不比《激情燃烧的岁月》强到哪里去。所有专家、电视台相关负责人在《士兵突击》面前都非常疑惑：这不就是三无产品吗？无爱情、无女人、无敌我。

然而执拗反骨的康洪雷反击道："谁规定故事一定要有矛盾？矛盾必须有敌我？调解的方式就是爱情？难道必须像单田芳老师说的那样，要知后事如何，且听下回分解？"但最后《士兵突击》还是成功了！可即便是《士兵突击》首播收视遇冷，康洪雷也不急躁。他说，"我一点不怀疑，是早晚问题。我唯一吃惊的是年轻人对这部戏的喜爱。我一直想做一个偶像的东西,在当时,哈韩哈日现象很厉害,难道中国就没偶像? 我们有偶像,他在我们心里,其实就是你自己,每个人都有闪光的东西,可能被隐藏在内心最深处,但从未磨灭过。"

康洪雷同时还是个性情中人,在拍摄《我的团长我的团》时,康洪雷和编剧兰晓龙两人一路从滇西采风回来,抱头痛哭,不停哭泣,上气不接下气。

为此,康洪雷这样说,"多少年后,你看到的就是一个破败的碑,一个塌陷的墓,依稀可见的碑文上写着几千几万人在此埋葬。想象一下,山坡上松涛哀鸣,几万人在山沟上就这样悄无声息地没了,死一个人跟风吹一般,心很痛。拍《我的团长我的团》,我有一种赎罪感,我觉得我40多岁才知道这些事,真他妈蠢。我到滇西,见到那么多老人,难以跟他们年轻时对上号,再回望这段历史,那么惨烈的战争,你突然想对他们做点什么,你不做都是罪人。"在对《我的团长我的团》进行实拍时,康洪雷仍然情难自控,经常躲在监视器后蒙着头号啕大哭,哭得最严重的一次导致心脏后壁痉挛,撂倒在现场。"那部拍得非常沉重,但沉重又不是我的风格,我喜欢用诙谐展示一切,所以很纠结。"

康洪雷的电视剧之所以能够成功,不仅是因为他有自己的坚持和执著,同时,他会选择有扎实生活基础的剧本,从中捕捉生活的意义,这是康洪雷作品成功的基础。康洪雷曾在内蒙古电视台做场记,是编外人员,在影视圈内摸爬滚打近20个年头,从副导演到导演整整奋斗了12年。他说:"那是我永远不会忘记的年代,一切刻骨铭心。我永远不会忘记我4年没拿工资的场景,不会忘记我8年进不了电视台编制的场景,不会忘记那些帮助过我羞辱过我的人。我感激他们,是他们成全了我,如今那些人都是我的好朋友。"

这样的经历使康洪雷对现实题材的作品极为关注,也使他具备一双善于发现的慧眼。这六部电视剧中有五部改编自小说,五位小说的作者都有深厚的生活基础和良好的创作根基。

正如托尔斯泰所说,文学是"把自己体验过的感情传达给别人","使听众为这些感情所感染,也像他一样体验到这些感情"。经历过生活严酷磨炼

我的未来不是梦

的康洪雷找到了表达的突破口。他将原著改编成适合用声像表达的电视剧,把自己体验过的感情传达给观众。

逐梦箴言

苦难是人生的老师,通过苦难,走向欢乐。一个人总是有些拂逆的遭遇才好,不然是会不知不觉地消沉下去的,人只怕自己倒,别人骂不倒。

知识链接

张纪中

中国电视剧制片人。1987 年,担任制片主任的张纪中和导演张绍林合作拍第一部电视剧《百年忧患》。他制作的著名的电视剧有《西游记》、《水浒传》、《笑傲江湖》、《射雕英雄传》、《青衣》、《天龙八部》、《神雕侠侣》、《鹿鼎记》、《碧血剑》、《倚天屠龙记》等。

■ 缔造经典的导演王扶林

在中国人的心中，几乎可以说，知道四大名著电视剧的人都知道王扶林这个名字，因为四大名著改编电视剧，两部最难的作品《红楼梦》与《三国演义》，都是王扶林一手打造的！

王扶林于 1931 年 2 月在江苏镇江市出生。是我国第一代电视艺术家，中国电视剧制作中心制片人、导演。王扶林执导电影、电视剧有《红楼梦》、《三国演义》、《没赶上火车的小伙子》、《庄妃轶事》等数十部。

1979 年王扶林赴英国考察期间，看到了英国改编的莎士比亚戏剧集，畅销海内外，深受全世界欢迎。其他国家的名著也被改编了不少，却偏偏没有中国的名著！终于，王扶林有了当时的遐想，电视连续剧这种艺术形式我们应该采用。王扶林的这种想法，当时在国内得到了推广。我们中国五千年文化，长篇名著《红楼梦》、《三国演义》、《西游记》都是优秀作品，必须尽快得到普及！

奇迹的出现，开始于他顶着巨大压力着手拍摄《红楼梦》的时候。这种压力，喜爱四大名著的读者都能明白，任务艰巨，而几乎所有人都对此充满了怀疑！在当时较具威望的剧作人员，没有人敢挑战这个任务，但最高兴的是，剧组请到那个庞大的顾问团，大师云集，可谓空前绝后！

他们是出于对《红楼梦》的真心热爱，因条件所限，他们没能得到太多回报，甚至当《红楼梦》播出的时候，已经有多少人的名字被打上了黑框！他们没有任何报酬，却热情无私地贡献了他们的学识和意见。

那么当时参与拍摄的剧组成员，便都是和这些顾问一样，出于对《红楼梦》的深爱，无私地为这部作品奉献了四年的时光。在王扶林的带领下，演员们经过两轮培训，终于找到了自己的角色。那个年代拍摄的四大名著中的三部，所有剧组成员都是默默的奉献，所有演员几乎把自己变成了剧中的人物。在他们的心中，角色无主次，只有自己对他们的喜爱。电视连续剧《红楼梦》的诞生，使王扶林脱颖而出。《红楼梦》的成功，也直接使得后来拍摄《三国演义》的任务又落在王扶林的头上。

《三国演义》剧组始创于 1989 年，总制片人任大惠也是《红楼梦》的制片主任之一。自《三国演义》剧组创立，任大惠认为总导演当属王扶林，于是找他谈话。王扶林听后，当即天旋地转，"现在怎么回答你呢？这个《三国演义》能不能拍好，怎么拍，你能不能容我考虑一下？"任大惠特别爽快，告诉他说，"行，给你三分钟"。传说王扶林《三国演义》总导演就是这样担任的。

《红楼梦》的剧本不好改，因为涉及各种事件表达之复杂，以及情节的还原；而《三国演义》其实也一样，因为原著诞生过早，语句较简洁，因此拓展空间更大，如果能将剧本还原到"恰到好处"，实在是很难。

在剧本的改编上，《红楼梦》和《三国演义》应该都算是成功了。然而《三国演义》情节含量极大，人物极多，规模就更不用说了，受限于各种条件。在当时迫于无奈的情况下，采用了五个剧组合作的方式进行拍摄，这些无疑给王扶林制作《三国演义》带来了偌大的困难。

《红楼梦》的拍摄足迹踏遍中国九省，设立两座外景点，拍摄过程历时3 年；《三国演义》的足迹更是几乎遍及"三国演义"故事发生的每个地方，建立了两座巨大的影视基地，群众演员计 40 万人次，投资 1.7 亿，历时 5 年。

87 版《红楼梦》的拍摄，对于王扶林来说，不仅压力大，而且着实是困难重重。1983 年 2 月成立了筹备组，5 月成立编剧组，8 月成立顾问委员会。1983 年 2 月成立筹备组；12 月完成剧本初稿。1984 年春夏，剧组在北京圆明园先后举办了两期红剧演员学习班，从全国各地数万名候选人中遴选出的 100 多名演员在此研究原著，分析角色，学习才艺。经过几次录像，反复比较,最终确定了各自的角色,进入拍摄阶段。历时 3 年大功告成,于 1987 年在央视开播。当时,《红楼梦》的拍摄不光是央视的任务,而成了整个红学界的大事。几乎所有的红学名家都参与其中,大师级的权威都成为这部电视剧的顾问。从开始做提纲,一直到剧本出稿以后,逐一征求专家意见。一直到后来选演员,办学习班,红学家们付出了辛勤的劳作。

王扶林在 20 年前那种资金少、技术差的环境下,拍好《红楼梦》不仅取决于电视台的领导,还有包括王扶林和全体工作人员的敬业精神。如今哪有一部戏能像《红楼梦》那样不惜一切地敬业拍摄,几乎没有。像小说里要求黛玉进府时是 11 岁,剧组就不能找明星来演,因为明星年纪太大了,总不能找一个 1.7 米、1.8 米、二十七八岁的明星来演,但小的演员肯定没有经验,这就有难度了。于是王扶林办了学习班,一共两期三个月。拍好《红楼梦》还得到了红学界的支持,他们给剧本很多意见,比如拍到秦可卿出殡的时候,王扶林把"荣宁街"写成了"宁荣街",被考究不对,说明王扶林对《红楼梦》的理解是不够的。

其中中央台也不敢贸然拍,很怕不知深浅,但没想到一去到红学界,马上得到支持。《红楼梦》的电视剧编剧三个人都是红学研究者,副监制是红学会副秘书长,这些人自始至终地提供多年的研究成果,这也是王扶林拍好《红楼梦》的基本保障。

再有一个就是办训练班,没有训练班就没有《红楼梦》。现在那些松散的、可上可不上的、或半天学习半天玩的训练班跟当时的训练班不能同日而语,那时从头到尾有严格的日程表,就像军事训练,演员连进城都不可以,在训练班里学习书画、形体等课程。

王扶林现在体会到,作为一个导演,不拍古典戏是不成熟的,不拍名著则什么都不懂。因为拍名著可以让你深入故事,增强文学内涵,名著比一般的文学作品要高深多了,王扶林拍了《红楼梦》之后,觉得以前读名著实在太少了。

整部《红楼梦》他自己静静地一个人就读了至少四遍,在拍摄的过程中,还随时随地不断翻看,直到现在王扶林还有很多不懂的地方。探春远嫁临

我的未来不是梦

走的一个场面,书里写得比较简单,电视文学剧本也简单,但这场戏是重点拍的,整整有五分钟,比起小说、剧本都有发挥,现在王扶林看这段戏都非常感人。王立平还专门为这个场面写了一首《分骨肉》诗,催人泪下。

但后来王扶林不断总结,觉得还有很多不足之处,在歌词中是这样说的:"自古穷通皆有定,离合岂无缘。"说明探春对远嫁看得开,她对贾家这个没落贵族家庭早有观察,但她是忠实继承人,到最后要像王昭君一样和蕃,她有很多无可奈何之处,更有愤慨,但是王扶林在剧中过多强调了惜别之情,愤慨少了,这就不能准确地反映原著,准确很重要。

王扶林与任大惠一起,可以说把自己半生的精力献给了名著改拍电视剧事业,于是才有了我们今天的经典之作。虽然这两部作品在如今看来也是硬伤累累,但实在是瑕不掩瑜!那个年代客观条件有限,但人的观念也不同,可以用心投入去塑造真正文学上的形象,演绎真正文学名著中的故事。在中国电视剧的创作史上,第一制片人当属任大惠,而第一导演,王扶林当之无愧!

正是因为王扶林有着非常执著的敬业精神,才成就了如今非常经典的《红楼梦》和《三国演义》。

逐梦箴言

人是总要面对一定的压力,当你面对巨大压力的时候怎样能够坚持住,怎样走出困境就是人活着的目标。当你成功的时候,想到自己怎么是从巨大的压力中坚持走过来的,也许你的成就感更大。也许每个成功人士都在谈论他当年困苦的时候,我们也许不理解,但就是那段最困难的日子,造就了成功人士。有些时候,困难真的是一种享受,成功的喜悦在于困境,喜悦来自于自己走出了困境。

知识链接

《红楼梦》，中国古代四大名著之一，章回体长篇小说，成书于 1784 年（清乾隆四十九年），梦觉主人序本正式题为《红楼梦》。其原名有《石头记》、《情僧录》、《风月宝鉴》、《金陵十二钗》等。前 80 回曹雪芹著，后 40 回高鹗续（一说是无名氏续），程伟元、高鹗整理。本书是一部具有高度思想性和高度艺术性的鸿篇巨著，作者具有初步的民主主义思想，他对现实社会、宫廷、官场的黑暗，封建贵族阶级及其家族的腐朽，对封建的科举、婚姻、奴婢、等级制度及社会统治思想等都进行了深刻的揭露和批判，并且提出了蒙胧的带有初步民主主义色彩的理想和主张。

智慧心语

我走得很慢，但是我从来不会后退。

——林肯

当大自然剥夺了人类用四肢爬行的能力时，又给了他一根拐杖，这就是理想！

——高尔基

慎重则必成，轻发则多败。

——苏轼

我们辨识错了世界，却说世界欺骗了我们。

——泰戈尔

第四章

纪录片导演

◦ 导读 ◦

　　纪录片导演是纪录片创作的核心和创作的组织者、领导者，也是用镜头画面和声音完成对现实的艺术再现，并作出有创意性的安排的主要责任人。纪录片导演的创作受多种因素的制约，他（她）力图真实、有选择、准确、客观地描述现实生活，他（她）是观察者、发现者、思考着和描述者。导演所使用的素材必须是现实事件，而非虚构，一般也不容许原搬上演。纪录片导演的工作素养及能力，对作品的质量具有决定性的影响。

■ 坚持宁静世界的张以庆

张以庆的作品三部曲《舟舟的世界》、《英与白》、《幼儿园》在我国纪录片历史上有重要的意义,这些作品追求自然、平实、平民化,在人和人之间寻求感情上的共鸣。当我们观赏到这些影片时,用自己的身心去体会作品的内涵,会发现有着较强的感情色彩和个性色彩。

当创作者用一种创作心态去认识和观察拍摄对象时,除了潜在的价值驱动和社会影响之外,个人的个性特征、创作观念和文化心态会作为重要的因素,影响创作的过程和结果,最终它会以风格的形式表现在作品中。

张以庆是质朴的,质朴是大师的品格。这种气质既体现在日常举止中,也体现在他的作品中。张以庆的作品都来自真实的生活,选取的素材也是生活的真实流露,但是却能打动观众的心灵。

同时,张以庆是善于思考的。从激情的"舟舟","孤独"、"异样的英和白",到《幼儿园》,他所要表达的东西好像越来越模糊,越来越多义,但内涵越来越丰富、容量越来越大了。张以庆擅长反思自己内心的想法、感受,他知道自己想要表达什么,就像《舟舟的世界》,他想告诉人们每个生命都是值得尊重的。

他其实是个非常敏感的人。他没上过大学,33 岁以前待在工厂,开过机床,看过仓库,主持过黑板报,因为对于文字的敏感,沉寂的 10 年中渐渐由工人演变成宣传干事,在一些文学期刊上发表诗歌小说、曲艺相声,是那个时代时髦的"文青"。1987 年,一个偶然机会张以庆被借调进湖北电视台工作,在迈进艺术"圣殿"的大门时,心中仍是哆哆嗦嗦。

他说,他没有读过万卷书。他几乎也没有看过一本电视电影方面的书,所有的积累都是从前读的文艺书籍。他也不行万里路。一离开熟悉的城市,他紧张,觉得寒冷、饥饿,引发系列不适应症。他说自己最理想的拍片地点就是在湖北电视台的广电大院,活动半径在 500 米范围内。但他的作品漂洋过海,带给异域的那些不同种族不同肤色听不懂中国话的人们也同样引起了震动。2002 年 8 月,在联合国教科文组织举行的"世界文化多元化研讨"国际会议上,《英和白》映毕,掌声雷动,一位印度资深导演站起来,朝张以庆深深鞠躬。"有的朋友在地理上走很远,而我在人的内心走很远。"还有,他像一节被遗弃的旧车厢,完全与城市脱轨,对电脑和网络一窍不通,作为一个从业 15 年的电视导演他从未摸过摄像机。张以庆显出小学生一样的自卑。他说:如果世界上每个人都有汽车的话,他肯定是最后一个去拿驾照的。

又是借助敏感,他知道要求剪辑师在哪里加上半帧,或者在哪里减掉半帧的半帧。所谓帧,电视人所了解的在编辑机上一秒钟画面可以分切成24 帧,每帧细如发丝。

他从敏感中源源不断地撷取所需。他相信某些与生俱来的东西对性格的昭示,比如血型,比如星座。他喜欢在片中用音乐恣意铺张一种情绪。什么情节用什么曲子,全凭敏感的直觉告诉他。这样一个生性特别的人,以他自己的方式触摸着这个城市的脉搏。一个天生敏感的人,对于人的情感、人性中任何一点细微的东西,他都充满了敏锐的直觉。就好比他对机械化的东西本能的排斥一样,此消彼长,这时,想想失聪的贝多芬,仍然能创作出《命运》的华章。张以庆是孤独的。但是他甘于寂寞,并且享受着这种感觉。正是这种安于寂寞的生活经历培养了他观察生活、光影的独特捕捉力。这并不是说要想成为一个优秀的纪录片导演,就一定要变成一个孤独的人,而是要努力培养自己观察生活的独特捕捉力。

他是个独居人士。经历了工厂的 10 年孤独,现在他又沉入纪录片的孤独,回到家面对四壁,永远是他一个人的战争。他的工作与生活几乎重合，他说自己好像再也不能干点别的什么。"很多时候我想一个人待着。做纪录片就是这样，这是别人无能为力的。"总有人会好奇地问张以庆，拍片子最难的是什么？他说，在今天这个多元社会，处处充满诱惑，难就难在很长时间专注于一件事。张以庆应该就是一辈子专注于一件事。《红地毯上的日记》完成于 10 年前，是张以庆的起家作品，说的是一个艺术体操队的事，片子拍摄了三天半，片长 15 分钟，可绝少人知道，为这 15 分钟，张以庆每个周末，骑着自行车到现场整整观察了 3 个春夏秋冬。《舟舟的世界》是 50 分钟，但他们足足拍了 2100 分钟素材，70 多盘录像带，每回去剪接张以庆都得用车拉。《英和白》的所有字幕提示语才 1000 多字（没有解说词），而在此之前的文字记录竟有 10 多万字。

张以庆就是一个非常独特的人，他的这种独特是不可模仿的。在一次报告中，他谦逊地表示，"他喜欢无人喝彩的生命世界，在这个物质膨胀的时代，他宁愿选择长年累月的守住一件事情，坚持一种宁静的境界。"

逐梦箴言

　　成功的关键是目标明确后，就在于坚持、坚持、再坚持。坚持 10 年就已经不容易了，但要坚持一辈子都关注这一件事真是难上加难，然而奇迹就是这样创造的。张以庆借着自己敏感的天性和后天所培养的能力，不断坚持着自己的事业，于是，他成功了，让人敬佩了，也让人尊敬了。

我的未来不是梦

舟舟

　　天才指挥。原名胡一舟,1978 年 4 月 1 日,出生在中国武汉,这一天正是愚人节。他是个唐氏综合征病儿。智力只相当于几岁的小孩子。舟舟从小偏爱指挥,当音乐响起时,舟舟就会拿起指挥棒,挥动短短的手臂,像真正的指挥一样,直到曲终。

真诚的草根纪录片导演康健宁

康健宁,1954 年生于河北。1970 年代中期毕业于北京体育学院,此后将近十年在大学体育系做老师。1980 年代中期进入电视台工作,开始拍摄电视专题片和纪录片。他是中国纪录片的重要代表人物。

20 世纪 80 年代中期,当时所谓的"西北"风盛行,流行歌曲和电影都以西北为题材,但是在康建宁看来,这都是拿西北人民的苦难卖钱,和他们的生活其实没有任何关系。这促使康建宁开始拍纪录片。

对西北人民并没有真正关注的康建宁,出于一种"义愤",和一位朋友在 1987 年春节去了陕北,凭着几百袋方便面,在没有经费、极端艰苦的环境下,开始拍摄社会底层中的人们。他们没有经验,也没有理论的支持,不知道怎么样用影像的语言去表达,其中虽有精彩的片断,但没能形成完整的表达。

这是康建宁的起点,他就是这样开始走向寻找表达之路,并一直保持着与起点的密切关系:与社会底层人民天然的血肉联系。

对于当时盛行的充满雄辩的电视片,他有本能的反感,觉得是云中的布道,非常没有根基。他认为应该站在地上,脚踏实地的平视民生,当时就曾表达过"来荡涤一下这些腐朽之风"的强烈愿望。

康建宁最成熟的作品是《阴阳》,拍摄的是宁夏西北的一个村子,叫陡坡村,真正的黄土高坡,那里缺水严重,人与自然的关系非常紧张。片中的主要人物是一个叫徐文章的风水先生,也叫阴阳先生。

　　康建宁最早注意到他是因为他衣服口袋上别的一支钢笔,他是这里的知识分子,方圆多少里人家有大事都会请他去算日子,来定方位。他还有一整套教育儿女和别人的生活哲学,既有忠孝传家也有"五讲四美",任何事情都要有规矩,政治的事情不要管,农民把地种好就行了,家和万事兴。

　　他对中国农村和农民艰苦生活的描述,已经有不少。但是这部片子不是停留在对生活表面的叙述上,而是有意进行文化层面的探问:追究中国农民在严酷的自然和社会政治的高压下,复杂而压抑的人格和处世哲学,所以康建宁特别选择"阴阳"先生,这个特定的具有文化代码性质的人物来表达,并试图借此来回答中国现实社会中存在的问题。

　　《阴阳》的风格是写实主义的,镜头沉稳而饱和,长卷轴般一一打开,有油画般的效果,没有解说,只是用字幕做必要的交代。摄影机与被拍摄者的关系非常亲和融洽,你感觉不到机器对他们生活的影响;但是也不尽然,阴阳到别人家去,有人问:这在干啥呢? 阴阳则不无自豪地说,拍电视呢!并不让人感到生硬。摄影机既存在又不存在,进退自如,体现出对摄影机成熟的审美掌控。摄影、导演和剪辑都是由康建宁自己完成。其实在《阴阳》身上还有一个更深层次的存在,作者其实在阴阳先生的身上寄寓了对自己的"父亲"形象的批判,康建宁说,阴阳先生就像我的父亲。

　　康建宁是从儿子的角度对一个既矛盾又复杂的父亲形象进行的反省,那是一个无奈的、既自卑又严厉的权威,既整人又挨整的残酷的生存竞争者。他怀着同情、理解、甚至歌颂,但是又酸楚、恐惧、痛苦、批判,种种无以言喻的情感复杂而暧昧,既爱又恨,哀其不幸,怒其不争,是对自己血管里流淌着的血液的批判,是把解剖刀对准自己,是对无法摆脱的自我的解剖,是理性和感情激烈的矛盾和交织。

　　这种"父亲"人格既是他对国的理解,对家的理解,也是对西海固的理解。他觉得西海固是一个可以承载他的情感的地方,是一个对故乡的必须进行的艰难认同,是一种决心自食的创痛,是对土地和在这之上悲贱地生活的人们痛苦的爱,无法逃避,这是康建宁作品的基调。

　　他是新纪录运动中最草根也最沉痛的人,最真诚也最有力度的一个人,也是最能抵抗贵族化倾向的一个人。他自觉地认同一个社会中被损害和受侮辱的人群,他为受苦人而"心痛"而无法自抑地"泪流满面",他们使他觉得自己永远无法"贵族",在这一点上,他是踩在新纪录运动中最"根本"、最"朴素"的位置上,有了他,新纪录运动才可以说最终实现了自己"有中国特色的社会主义"。

逐梦箴言

在生活中要做一个真诚的人不容易,因为它来不得半点虚假和功利,需要实实在在地付出、奉献。真诚待人,克己为人的人,也许偶尔会被欺诈,但他们才会真正时时受人欢迎。而作为一个纪录片导演,做到真诚是更不容易的。他需要用自己的真诚来表现最真实世界,从而让观众看到其中的真诚。

知识链接

"五讲四美"

1981 年 2 月 15 日,全国总工会、团中央、全国妇联、中国文联、中国爱卫会、全国伦理学会、中华全国美学学会等 9 个单位联合作出《关于开展文明礼貌活动的倡议》,号召全国人民特别是青少年开展以"讲文明、讲礼貌、讲卫生、讲秩序、讲道德"和"语言美、心灵美、行为美、环境美"为主要内容的"五讲"、"四美"文明礼貌活动。

用镜头敲开记忆之窗的吴文光

作为我们这个时代最透彻的洞察者，吴文光在他的镜头后面更像一位冷静的医疗工作者，观察着纷繁的生活自身所呈现的一切。基本上，吴文光是自己想怎么拍就怎么拍，用低成本的方式完成自己的梦想，这可能和他以前在云南和于坚一起写过诗有关，因为诗歌写作也是一种用低成本完成自己梦想的方式。

吴文光认为纪录片是不可以替代的。他说自己对故事片既不爱看，也不爱拍，因为它需要非常强的虚构能力。他觉得自己没有这种能力。他觉得拍纪录片越来越像一个作家的写作方式，是可以自己独立完成的一种东西，不像拍故事片，需要一大群人，导演像个公关先生，要和所有的人接触，那种昏天黑地的工作方式让他感到害怕，绝大多数时间消耗在和艺术无关的行为之中。

吴文光并不在乎有些人觉得他很业余，他认为业余不业余不在于你拿的机器牌子有多好，而在于你到底要做什么，拍完《江湖》之后，他现在更进一步拍一些随心所欲的东西，他随时都在拍，随时都在做，纪录片对他而言本来就是一种生活方式。截取一段历史，保存一段影像。不说谎，也不说教，只是单纯的记录，也是一种态度。吴文光就是这样的记录者。

没有固定的座位，观众可以随便走动，甚至可以走上舞台，选择自己认为合适的观赏角度，或者和演员们一起嗑嗑瓜子。演员们神情紧张而诡异，他们的动作有时笨拙，有时灵敏，有时慵懒，有时神经质，摄像机如同追光似的追踪每个演员，并将投影打在白色的幕布上。舞台的边上搭起一个高高的架子，一个男人悠闲地边翻报纸边吃苹果，间或向下漫不经心地张望片刻。

1990年初，他在昆明老家一个朋友管的机房里剪出《流浪北京》，觉得"不是个东西"，不好意思拿给人看。仅有的放映渠道是家里的客厅，几个熟悉的朋友聚拢来，片子一面放着，吴文光一面还要准备一顿饭菜招待。

可是，正是这个"不是东西"的"东西"，最终开启了中国纪录片的一个时代。它截然不同于电视台宣教式的新闻片、科教片，没有宏大的主题，只是将镜头对准一群到北京寻找艺术梦想的茫然青年。当年的"饥饿"沉默在乡村里，吴文光和一群80后年轻人试图展开一次跋涉，一点一点去寻找那些记忆，以免它们永远被埋葬。

在吴文光四处拍片过程中，他逐渐发现，有些历史的细节散落在民间，就像风口的岩石，一天天风化，消失。最让他感兴趣的是1959至1961这三年的民间细节，故事丰富而沉重，却无人问津，尤其在广阔的乡村，这些故事正随着他们的经历者不断衰老，有些人死了，有些人还活着，吴文光觉得，有必要去记录他们，这是在抢救历史细节。历史越含有细节，越真实。

这就是"民间记忆影像计划"的源头。这个以"饥饿"为主题的民间记忆影像，集合了220个曾经历过1959年至1961年的老人的回忆，他们分布在8个省80个村子和城镇，从55岁到97岁，全部是第一次面对镜头，讲述50年前的饥饿经历。这个被俗称寻找"饥饿"记忆的计划，开始于2010年，参与拍摄者最大60多岁，最小的19岁。吴文光说，打捞历史，也是在打捞沉默的乡村，那些村庄发生过太多故事，而在历史书的宏大叙事之下，乡村叙事是缺席的。那些村子里70岁以上老人，大部分是文盲，他们真正开始经历人生，是从1949年开始。从50年代到70年代，是一个人从青年到中年最重要的年华，在吴文光看来，这些老人可以形容为"蚂蚁一样的生命"，他们的人生记忆自然地被忽略，被遗忘，被掩埋，成了理所当然的"沉默的大多数"。

记忆不被记录,就永远被深埋,吴文光说。而帮助他完成拯救这些记忆工作的,是一群二十几岁、出生于 1980 年代、对那段历史完全无知的年轻人。

逐梦箴言

吴文光的"民间记忆影像计划"被一个个真实的影像记录下来,其中有太多太多的故事,每一个参与者也不只是一个拍摄者,他们更是在这个过程中寻找自我,找到真正让自己踏实下来的东西。一个纪录片导演,就应该有吴文光这样的精神,历经艰难万险重现历史细节。不说谎话,真实记录的态度值得我们学习。

知识链接

"三年自然灾害"

1959 年至 1961 年,由于政策上的失误和自然灾害,造成了连续三年的大饥荒。

■ 执着追求的纪录片导演蒋樾

蒋樾是中国新纪录片运动的重要人物,经过多年纪录片创作,蒋樾的路越走越扎实,拍摄纪录片成为他的职业,独立制作,也常常为中央电视台拍片子。对他而言,拍摄纪录片是他自己选择的生活态度,透过镜头和生活,看到他所经历不同的生活视野。从蒋樾身上,我们也可以看到一个纪录片制作者的心路历程。

1988 年他从中央戏曲学院编剧系毕业,到北京电影制片厂工作。因为不喜欢故事片的拍摄方式而离开。

蒋樾打小就喜欢洞悉社会阴暗面。高中的时候,百无聊赖的他从字典中找到了"樾"这个"阴暗"的名字,于是"蒋越"成了"蒋樾",并赫然出现在他成年后的一系列作品中。而原先的"蒋越"反而蜕变得有些模糊、难以辨认。

不安分的性格铭刻在他的骨子里,离经叛道,内心充满喧哗和骚动。大学后,他进入制片厂,可不久就从那里逃离开去。稳定的俸禄、优厚的地位在蒋樾看来只是一种绝望乏味的轮回。于是,他选择了西藏,带着摄影机,和着遥远处传来的天籁之声,与心爱的狼一起在雪原上流浪、生活。

如今想来,那确是一段遗世独立的浪漫生活,肆意的镜头中,狼慢慢地长大,蒋樾的心态也有了微妙的转变。一种发自内心的意念告诉他:这种生活不可能长久,你必须结束行者的生活,回到城市里面来,去关注身边熟悉的人和事。

于是，在一个偶然的促因下，他选择了拍摄《彼岸》。"那天，当我第一次去排练现场，牟森给我展示了他们的训练方式。当时我觉得特别激动，那些孩子充满了激情，洋溢着青春的感觉。我一下就想到了自己过去的生活，过去上学时的那种冲动。我在拍摄的时候，不断地觉得那个现场太像是一场运动。"蒋樾所说的"运动"，曾经使他充满理想和向往，可随后一件一件事的出现，让他感觉这种梦想中的乌托邦离他越来越遥远。"理想这个词，就是我最喜欢的。它到底是什么，我不知道，只觉得是人生最美好的东西。"

《彼岸》的出现绝非偶然，它似乎只是一次状态的记录，然而镜头中孩子们寻梦的舞台，上演的也正是蒋樾自己的"青春残酷物语"。拍摄中，他痴狂地花光了自己好不容易攒下的一万块钱，却从没想到：到底谁能够看到这部作品？纪录片对他而言，纯粹只是一种爱好，一种冲动的宣泄。《彼岸》是一座被风沙遮蔽的里程碑，它在中国新纪录片运动中的地位毋庸置疑，但却如同地下一股缓缓的暗流，仍然找不到"上岸"的出口。时至今日，当年影片中的孩子们已过而立之年，他们娶妻生子，生活的压力磨平了个性的棱角，理想也不复存在。蒋樾早已明白，《彼岸》的时代只是一个非常短暂的过程，他需要跳出精英主义封闭的小圈子，面对更广阔的社会人生。2000年的《幸福生活》，正代表了他迈入艺术成熟期之后的一份深刻思考。

而在拍摄过程中，偶然得之的神来妙笔更是可遇不可求。对于老傅前妻的信息，蒋樾拍了三盒带子都所获不多，可巧就在一次和刘勇利的闲谈中透露出来；而关于车站弃婴的问题，刘勇利一直有所顾忌，不愿让蒋樾拍摄，恰好不知情的老傅在其中"帮了大忙"；最让人称奇的，是有一次蒋樾他们都喝得醉醺醺的，机器拍摄却也没停。酒醒一看，那一段却拍得特别好，不仅如此，连推拉摇移都有，真是神了！

蒋樾一直视自己是个理想主义者，经历了人生如此多的波折和坎坷，他的信念始终没有动摇。"理想主义者是很浪漫的，我愿意做一个浪漫的人，而不愿意屈服现实。"《幸福生活》利用纪录片预卖的方式获得了欧洲电视台的40万拍摄经费，这些钱为他提供拍摄最基本的物质准备，也使得海外见证了中国纪录片弥足珍贵的真实瞬间。

　　十年弹指间而过,在纪录片的大路上,怀着自己的理想,蒋樾仍然执著前行。

逐梦箴言

　　信念就自己认为可以确信的看法,是对自己追求的目标所抱持的一种思想状态。如果一个人连自己所追求的目标无法确定是否能够得到,那他内心的思想状态自然也会摇摆不定。蒋樾就是一个坚定自己信念,坚决不动摇的人,也正是因为他有这样的精神,才使得他的纪录片如此成功。

知识链接

《彼岸》

　　它叙述一群未考上大学的外地孩子的明星梦碎的故事。他们来到北京电影学院学习,在实验剧《关于〈彼岸〉的语法讨论》中饰演角色。他们连演七场,很多著名艺术家都前往观看,就他们的真实而富于激情的表演给予高度评价。蒋樾为此跟拍了四个月,但在戏演完的同时,他也因经费短缺而被迫停机。三个月后他再次见到这群孩子时,他们已被命运无情地抛回了残酷的现实,无望地在北京漂流。又过了四个月后,他们实在撑不住了,只能满含绝望地离去。

我的未来不是梦

智慧心语

做一件事,无论大小,倘无恒心,是很不好的。而看一切太难,固然能使人无成,但若看得太容易,也能使事情无结果。

——鲁迅

世界上怕就怕"认真"二字,共产党最讲认真!

——毛泽东

合理安排时间,就等于节约时间

——培根

志在顶峰的人,决不会因留恋半山腰的奇花异草而停止攀登的步伐。

——高尔基

第五章

电视导演

◦导读◦

　　电视导演是各类电视节目艺术创作的总负责人。他的任务是将文学本所提供的信息内容转换成"视听语言",并以电视节目的形式搬上屏幕,展现在观众面前,这集中体现了导演本人在艺术创作上的美学倾向和个人风格。他既要有总的艺术界定,又要充分调动各专业创作人员发挥各自独特艺术效益的组织能力。

■ 德艺双馨的电视艺术家孟欣

孟欣,1958 年 1 月出生在吉林省长春市,中央电视台电视导演、高级编辑、戏曲、音乐部主任、全国三八红旗手、全国十佳制片人、德艺双馨全国百佳电视艺术家,两度获得全国电视文艺最高奖——星光奖"导演奖",获得由全国电视观众投票推选出的第十六届中国电视金鹰奖最佳导演奖,在 2000 年布达佩斯国际可视艺术节上,获得了参赛的 53 个国家中唯一一个导演成就奖。

每一个成功人士都曾有一段鲜为人知的历史。孟欣在成为著名电视导演之前,也曾有过一段鲜为人知的历史。在上山下乡的那个年代,孟欣被分配到车间,做起了刺绣女工。但是当她做女工的时候她从来不闲着。组织节目、写曲子、编舞蹈、做文艺骨干,在全系统文艺汇演中引起了注意,被轻工业局抽调上去,直到后来恢复高考,孟欣考上了长春师范学院。

从小就生活在"长影"的孟欣一直是非常热爱文艺的,五岁的时候还主演过一部叫《大家庭的主妇》的电影,之后又学芭蕾、拉手风琴,她总是完全投入。而正是由于这种投入,才会有以后的成就。有一次在一所学校里演讲,台下的同学问她"怎么才能很快成功?"她说,首先要选择你热爱的作为事业,然后不断地去追求。孟欣说她事业的蒸蒸日上就是源于不断地努力和适时地把握机遇。

她所说的机遇一定是人们一致认为关键而又不寻常的转折点,而她人生中重要的机遇也有很多。孟欣有这几次转折,一次是高考,一次是到长春电视台,一次是到中央电视台开始做"中国音乐电视"。然而这些机遇对于孟欣来说,都是非常难得的。

当抓住机遇之后,孟欣说,一定要马上去行动。因为孟欣就是一个属于积极进取的那类人,就是说在遇到一些事情的时候,只要她认为是机会,她就一定会去主动争取,而不是消极等待,这是孟欣的特点之一。所以对孟欣来说,起点并不重要,而重要的是过程和目的。

对于中国电视观众来说,1993年应该是个让人记忆犹新的年头,那年3月份中央电视台《东西南北中》栏目改版,人们发现了一种全新的MTV作品,它不同于港台的,也不同于欧美的。《长城长》、《长大后我就成了你》、《二泉吟》这些完全是符合中国传统审美观的作品,在取得良好反响之后一发而不可收,直到1994年初第一届中国音乐电视作品大赛,"有中国特色"的音乐电视形式宣告产生。对此,孟欣是功不可没的。

刚开始在中央电视台工作时一定是艰难的,当时的孟欣就是辛勤忙碌着,这也正是她一贯的工作作风。有一次,孟欣因工作劳累过度而突犯心脏病。那是《同一首歌·走进花博会》一期,就在还有几十分钟就要正式开演的时候,在舞台右侧的总导演孟欣突然头昏眼花,脸色一下子变得苍白,熟悉她的病情的助手,知道孟欣心脏病又发作了,立即给她送上速效救心丸。吃完药后,孟欣坐在椅子上休息了十多分钟。稍稍平静些后,孟欣又拿起话筒,和现场公安负责人,一边不停招呼观众坐下,一边指挥音响、舞美、灯光、演员准备马上开演。据孟欣助手介绍才知道,孟欣到成都之前,在北京剪辑另一集《同一首歌》,加班三天三夜。来到成都后就直奔《同一首歌·走进花博会》现场开始紧张彩排。当晚刚一回到宾馆,突然心口阵阵发痛,经医生检查,孟欣劳累过度,心脏病突发,医生马上开了速效救心丸,并不准她工作,必须休息。但第二天一大早,孟欣根本没休息,从上午9时开始工作,一直到次日凌晨1时。

这样的工作态度,和这样的劲头,怎能不让人钦佩。然而孟欣的成功不仅是她认真的工作态度,更重要的是,她是一个善于自我培养的人,往往善于培养自己的人更加富有人格魅力。

孟欣是一个看上去文文弱弱的女人,肯定会有人想知道,这样一个女人是如何建立起导演的威信的呢?导演是一个非常微妙的行业,在你身边的很多人里，有早已功成名就的，有的刚从学校走到社会的，有办事谨慎的，也有不拘小节的，你怎么能把他们都团结到身边来，在他们的帮助下完成每一项工作，同时又要替他们着想。这也许是一门组织领导艺术。

在孟欣周围的工作人员谈起他们熟悉的"老孟"时，他们的语气里总会有一丝敬意，从这就可以看出孟欣在下属心目中的位置。一个受人尊敬的女人应该是一个做得很成功的好女人，那么孟欣是如何做到这一点的呢？

首先是人品要好，其次是要有追求。而作为一个出色的女导演，一定要从身边的每个人身上吸取长处，学习他人的优点，在热爱事业的基础上不断努力。这就是孟欣的成功秘诀。并且，这也是典型的"孟欣风格"。

作为中国第一档音乐电视品牌的创办人，孟欣率先提出"开门办春晚"理念，并成功导演了1999年央视春节联欢晚会。她不仅执导了香港回归庆典晚会等重要晚会，还成功推出了《同一首歌》这一节目品牌，按市场化运作思路并取得了空前成功。

逐梦箴言

在人们步入社会后，没有人告诉我们是对是错，我们要自己判断对错，不能人云亦云，随波逐流。只要不放弃对自己的培养，自己就会越来越卓越。吸收一切优秀的知识，终有一天梦想会实现。

知识链接

《同一首歌》栏目于2000年1月27日创立，制片人为孟欣。借用歌曲《同一首歌》，请来大家熟悉的歌唱家和歌手，唱一些耳熟能详的经典老歌。

■ "铁娘子"哈文

一个女人带领一个年轻团队想办好一台让全国人民都满意的春晚不是一件容易事,作为春晚总导演,就像历届春晚导演一样,哈文也不止一次表示压力非常大,但哈文给人的印象不止于此,面对压力她很积极。接受龙年春晚任命之后,哈文向范增、张艺谋等人取经,并在微博上跟网友交流"想明白才能说明白,说明白才能做出来"。

在春晚后台,哈文总是雷厉风行。为了节目,哈文带领团队打磨节目常常通宵熬夜。透过半掩的门,记者曾看到哈文戴着耳机,盯着监视器,一脸严肃,大声喊着倒计时,嘹亮的嗓门,让人肃然起敬。

龙年春晚第一次联排结束之后,哈文召集了所有演职人员开了一次全体的大会,面对数百人,哈文的发言简短有力,先肯定了大家的辛苦,但哈文同时也强调"关键时刻不能掉链子",希望演员要以饱满的情绪坚持到除夕晚上的直播。

在对哈文关注的同时,人们对于哈文率领的年轻团队几乎全部由 80后构成的社会也相当关注。哈文团队的风格,也正是哈文个人风格的体现。低调、谦和、果断、专业,这些都是记者收集到的春晚演职人员对哈文团队的评价。

哈文工作起来相当雷厉风行,在工作中她信奉着一条定律,就是相信别人,你给别人一个机会,别人可能给你一个奇迹,哈文管理有自己的一套。哈文曾说:"要想做好一个节目,不可能把每个细节都盯牢,我们有一级一级金字塔式的结构,从人员管理结构来讲,一个人直接管理你顶多管理七个人,做多是无效的,20多个人不可能每个人都管,肯定是无效的。"

哈文出生于山东青岛,毕业于北京广播学院播音系,作为一名导演为了工作,会连续10个小时待在工作地点,她自称事业型的女人,强调工作中的女人最美丽。但是为了孩子,哈文又坦言工作之余的所有时间都要与女儿豆豆共享天伦之乐。

不喜欢掌控别人的生活却在无意中担当起家庭和工作中的导演,一切顺其自然,却又将爱情和事业管理的井井有条。哈文声音嘹亮,说话飞快且铿锵有力,常常爆发出爽朗的笑声。

春节联欢晚会,一个情感汇聚与文化认同的空间,承载了13亿人的欢笑、心意与祝福,作为导演,哈文承载着巨大的压力。她带领一支平均年龄30出头、看着春晚长大的年轻队伍,凭借青春、朝气和激情挑战一台全球收视群体最庞大的晚会。

正是因为哈文有着强大的胆魄和敏锐,才有了春晚三十年,零广告、零贺电、零植入的打破了固有模式的举办方式。在机遇与风险之间走钢丝,哈文算是赢得漂亮的。

在成为"春晚总导演哈文"之前,她早已拥有一系列足以值得骄傲的成就—骄傲到即使以八卦为噱头的报道,只把她的私人身份拿出来当标题,但她也毫不在意。甚至,她会抢在你之前打趣自己的高知名度:"你不用说得那么婉转,我知道,开始就是因为我是李咏的老婆,其次才因为我导演了春晚。"因为早已对成功司空见惯,所以自我调侃起来便愈加真实而有趣。对哈文来说,成功已经不再是需要战战兢兢护持着的小火苗,而是几年来愈燃愈旺的炽焰。从新闻节目转战综艺娱乐,纵横十余年,每一次爆发都让人对她有新一层认识。

大年初一开始,一部名为《春晚》的大型纪录片在中央电视台的纪录片频道开播,这也是春晚三十年以来第一次向观众呈现这台全球知名度最高、集中收视率最高的电视文艺晚会的幕后"秘密"。

镜头从2012年的春晚切入,尽管掠过的是化妆师、舞蹈演员、摄影师,

我的未来不是梦

但大家都知道,谁是整台晚会的第一女主角。事实上,在 2012 年春晚结束的第二天,网上就出现了"龙年春晚红了 10 个人,最红是哈文"的帖子,在列举了毕福剑、"大衣哥"等当之无愧的明星人物之后,作为幕后人物,哈文被排到了第一名的位置。

过去大家说春晚,导演很少有人提起,而 2012 年却是特别关心。执导龙年春晚的哈文之所以获得了如此关注,实在有太多的理由:春晚三十年,胃口变得"刁钻"的 13 亿人等着看这台晚会再如何出新?一位并非春晚"熟脸"的少壮派女导演,如何调度这台可以说是举央视全力来做的晚会·网络及各地卫视春晚的冲击她如何应对?她如何去实践事先承诺的"要感动老百姓"?

可以想象压力有多大,一夜白头也都在情理之中,但那不是哈文。每个人抗压能力不一样,有人就压垮了,而哈文则是属于抗压能力极强的,压力越大,弹性越大。

不管是多挑剔的观众,也得承认哈文的责任尽得十分到位。从筹备开始,她带着团队拿出搞科研的精神,开了八场座谈会,整理了 10,08 字的会谈记录,提炼、总结。用哈文的话说,这是号脉,把真正来自观众的呼声找出来,交给台里,在那繁冗的条条框框里争取到尽可能多的空间。

龙年春晚,果真做到了广告零植入。计划明白详尽,执行到位,感性和激情有,但更多的是理智和执行。"我们是一个科学的电视团队,不是一拍脑门凭感觉玩的。"相较于往年春晚的节目反复折腾调换,龙年春晚所有节目的想法都在国庆节之前就已经确定,十一之后就是做执行。

在大家都说今年的视频画面复杂漂亮的同时,只有哈文和春晚的工作人员知道,这中间是真花了很大的工夫。韩庚一个仅三分钟的节目,而后面的画面全部都是一点点手绘出来的,三个月的制作,和韩庚无数次磨合,有一点打不准也不行。

当哈文接到春晚总导演这个任务的时候,她觉得非常突然。然而当她郑重地问自己能不能干好的时候,她自己的回答是"能"!

对从事这个行业的人来说,春晚是电视文艺的制高点,是他们的职业理想。于是,在意外过后,随之而来的,就是挑战。从央视春晚筹备起半年多的时间,这位一睁眼就想到女儿的妈妈,几乎没在孩子睡着前回到过家。至于进了组,那更是只能在电话里和女儿聊几句。哈文说,"到最后特别忙特别累的问候,我跟任何人说话都很快,你要听见我声调温柔地在聊天,那肯定是在接法图麦的电话。"

龙年春晚正式成为历史,有人夸也有人骂,但这一切在总导演哈文看来,都是正常现象。哈文完全以平和的心态来面对这一切褒贬不一的评价。作为总导演的哈文认为,她已经尽力了,问心无愧。所以,接下来,她还会继续努力。

逐梦箴言

人活在世上需要信任别人,犹如需要空气和水。我们如果不信任别人,对人便无法诚恳。我们如果要想受人爱戴,就得先信任人。

知识链接

法图麦

全名法图麦·李。名嘴李咏和电视导演哈文的女儿,因为母亲哈文是回族人,所以名字特别。法图麦也是伊斯兰教先知穆罕默德之女的名字。

■ 善于发挥团队作用的导演龙丹妮

龙丹妮,女,1994 年毕业于浙江传媒学院,1995 年成为湖南经济电视台的第一批员工。从 1996 年开始接手湖南经济电视台《幸运 3721》担当制片人。在随后的几年时间里,先后推出了《真情对对碰》《越策越开心》《绝对男人》《明星学院》等栏目。并先后担任第一届,第二届中国金鹰电视艺术节"明星演唱会"总导演。

23 岁时,龙丹妮就做出引发收视狂潮的大型综艺节目《幸运 3721》,成为国内最年轻的电视节目制片人;之后她一路开创了许多第一,打造出的"快女"、"快男"品牌价值高达数亿,她也被誉为中国电视"偶像教母"。今天龙丹妮对不服输的定义,就是没有什么不能做,只要你把自己做到极致,就能当第一。

完全不能想象一个娇小的身体里怎么会蕴藏这么巨大的能量。她的嗓门高亢有力,在摄影师的指挥下不断地更换服装也毫无怨言,在全体摄影团队累到人仰马翻的时候,唯独她还是神采奕奕。

小时候龙丹妮的理想是成为一名科学家。后来觉得自己特别能说,一度也想过做律师。家庭的原因也曾让她兴起当兵的念头。1994 年从浙江传媒学院毕业之后,龙丹妮一头扎进了电视台,按她的话说,"从此莫名其妙做起了娱乐业"。

她总说,坚持把自己现在的事业做好、做到极致,就是她最大的梦想。龙丹妮是一个比较感性的人,情感上很单纯,对人对事都很平和。唯独在面对工作的时候异常认真和执著。即使在工作中遇到做不到的事情,或者不可能做成的事情,她也会坚持自己的信念将事情翻盘。

在她的眼中,没有不可能的事情。她的第一份工作,就是在电视台做节目导演。当时节目组有个男孩在做制片人,但领导觉得龙丹妮有潜质,于是把她升为制片人。两人轮换,每人一期节目。

刚开始龙丹妮很尴尬,觉得突然和"前辈"放在一起比较,有点畏首畏尾。但随之而来的收视率调查让龙丹妮瞬间变成台里的"明星制片"。她的节目收视率连续十几期都比另一个制片人高。顺理成章,龙丹妮成为了节目唯一的制片人。

当时的节目组也是龙丹妮带的第一个团队,她从此告别了"独行侠"的生活。正当她春风得意的时候,领导说让她停止做这个节目,换做另外一个新的节目,而且说这个团队的人一个都不能带走,她只能自己去创业。当下,她很奇怪,为什么要让她在做得最好的时候停下来? 她跑去问领导原因。

领导给她的回答是,团队所有的成员都被她逼到崩溃,不是说她做事情不认真不负责,而是认真到了一个神经病的地步。所有人背着她到老板那里说如果龙丹妮继续做下去,他们全部都要辞职。面对这样一个原因,龙丹妮突然意识到自己带团队有多么的失败。这件事情让她整个晚上没有睡好觉,觉得天都要塌下来了。她领悟到,很多事情不是你想要做就可以的,原来还需要一个团队的精神在里面。

调换到新的节目组后,龙丹妮开始吸取之前的经验,在新的节目组里,龙丹妮特别注意团队的建设,她学会了做事也要考虑到同事的心情和感受。新节目的收视率很快就超过了老团队的节目。这个经历对龙丹妮之后的管理生涯特别有帮助。后来老团队中的很多导演和工作人员又成为了她新节目的合作伙伴。她觉得这就是成长。

2007 年龙丹妮第一次做男生的选秀节目——"快乐男声"。她要求节目团队同时做出三档节目。除了现场的比赛之外,还要打通一档,为这个节目服务的日播新闻节目和一档日播的每天 30 分钟的真人秀节目。所有的摄像机围绕着这些参赛的年轻男生，捕捉他们 24 小时的信息。如此大规模的节目在湖南台是从未有人尝试过的。

龙丹妮说，"我当时就感觉初生牛犊不怕虎，我就觉得这有什么不能做的吗？"因为刚到湖南卫视，也没有太多的人来帮助她做，当时的团队一共就 20 个人。海选刚过，负责做真人秀节目的团队，写了封信就突然集体消失了。这让当时的湖南台上下都异常震惊。

龙丹妮心里清楚，这是因为工作压力太大，强度太高导致的。但他们每天直播的节目不能就此停顿，于是她从现有团队中提拔年轻人接替真人秀节目，总算让节目继续维持运作。就在风波刚刚平息的时候，海选的一个选手吉杰跳出来说要退赛，一时之间沸沸扬扬，所有人都质疑是龙丹妮在炒作。

在这样的情况下，龙丹妮瞬间觉得这个节目做不下去了，跑的跑，失踪的失踪，怎么都觉得算了，搞不下去了。但是这并不是龙丹妮的做事风格，在她经过手足无措冷静下来之后，她向领导申请把现有导演团队一分为二，调配其中一个导演组，去做即将面临瘫痪的两个节目。

就这样，整整 3 个月所有人在办公室每天 24 小时不间断工作，终于把节目完成。从最初的不被认可，到后来每一期收视率都创全国新高。做到最后的时候，龙丹妮觉得终于解放了。因为成就感，团队里所有成员都要求，能不能再做一期。她说，"我当然不答应了，让我们放假吧。"

但那时的坚持，整个团队的齐心合力，使她感到前所未有的感动。她说，从那时起，无论遇到什么样的苦难，她都没有胆怯过，后退过。因为她坚信，执著必有回报。

逐梦箴言

团队合作指的是一群有能力，有信念的人在特定的团队中，为了一个共同的目标相互支持合作奋斗的过程。它可以调动团队成员的所有资源和才智，并且会自动地驱除所有不和谐和不公正现象，同时会给予那些诚心、大公无私的奉献者适当的回报。如果团队合作是出于自觉自愿时，它必将会产生一股强大而且持久的力量。

知识链接

收视率

指在某个时段收看某个电视节目的目标观众人数占总目标人群的比重，以百分比表示。一般由第三方数据调研公司，通过电话，问卷调查，机顶盒或其他方式抽样调查来得到收视率。节目平均收视率指观众平均每分钟收看该节目的百分比，收视总人口指该节目播出时间内曾经观看的人数（不重复计算），所以有时会出现收视率较低，收视人口较高的状况，但排名仍以收视率为准。

春晚开山鼻祖黄一鹤

　　黄一鹤曾是央视文艺部导演,1983年,央视首次搞春晚现场直播,他是这台晚会的总导演。此后,他又先后4次执导央视春晚,因而被人称为"春晚开山鼻祖"。

　　1983年的春晚,只有区区600平方米的演播室坐着60多位演职人员、200名现场观众,但这一年的春晚,却开创了一个新时代:实现了现场直播,第一次观众参与点播互动,第一次设立晚会主持人。正是因为现场点播,催生了当年春晚最为经典的一幕:歌曲《乡恋》的解禁。

　　晚会刚开始,负责电话记录的女孩就端着满满一盘子点播条走进导演间。黄一鹤随手拿起一个纸签:李谷一,《乡恋》;再打开一个,还是:李谷一,《乡恋》。这首歌曲在当时是个雷区,黄一鹤知道自己做不了主。他朝女孩使个眼色,意思是"找那位老同志去"。盘子到了坐镇现场的广电部部长吴冷西手里,他看了看,摇摇头。没过多久,又端来一满盘,还是《乡恋》。黄一鹤指了指,盘子又到了吴冷西桌上。吴冷西稍作犹豫,还是摇摇头。当第五盘装满点播《乡恋》的条端上来后,吴冷西再也坐不住了,在后台又是踱步又是擦汗。终于,他走进导演间,猛一跺脚:"黄一鹤,播!"

　　而当时已经唱了五六首歌的李谷一正坐在演员席上,她对幕后发生的一切毫不知情。听到主持人姜昆拉长了音报出"乡——恋——"时,她几乎不敢相信自己的耳朵,心里只涌现出三个字:"解禁了"。

　　1983年春节后,许多观众来信称这台晚会是"人民自己的",在黄一鹤看来,无论是当时还是今日,这都是最高的评价。1985 年,黄一鹤再次出任春晚的导演。他想出了新的点子,把春晚舞台搬到工人体育馆。但这届春晚,却成为他的一场噩梦。回顾这次失败的经历,那时大家刚看了国庆阅兵,美国洛杉矶的奥运会也举行了,黄一鹤就觉得十几亿人的国家,在演播室办春节晚会太寒酸了,就想展示出宏大的场面,所以就选择了工人体育馆。

黄一鹤始料未及的是,当时的技术条件不足以支持这样一台大型电视直播节目,连对讲机都没有,灯光也不灵。在偌大的工人体育馆,调度完全失灵,现场指挥成了"瞎子和聋子"。没有暖气,灯光昏暗,由于衔接不灵,节目拖了 6 个小时才完成,虽然有正值鼎盛的老女排助阵,有汪明荃等大腕加盟,当年的春晚仍被斥为"质量低下"、"杂乱无章"。

果然刚过晚上 12 点,后台就接到了无数批评电话,随后更多的指责传来——"民族传统不够"、"电视特点不够"、"黑乎乎一个大厅"……

"朝野"震动以至于中央电视台不得不在节目播出 11 天后的《新闻联播》中向全国观众道歉并表示"诚恳接受大家的批评",这在央视史无前例。

黄一鹤也因此背上了很重的包袱,在最困难的日子里,我收到了很多观众发来的鼓励信,不过,最意外的是时任央视副台长洪民生对我说的:"老黄同志,领导决定,明年晚会仍然由你来搞!"

1983 年春晚,王景愚表演的哑剧小品《吃鸡》第一次让小品登上大雅之堂。为了能够让观众接受无实物表演,《吃鸡》当时设计了好几个包袱。第一次铺垫是斯琴高娃扮演的虎妞闲逛时,王景愚托着一只熏鸡从人群中过场,并且说这是演出道具,不能卖给虎妞。第二次铺垫是姜昆把这只熏鸡吃了,在刘晓庆报幕时王景愚喊:"先别报,我的道具让姜昆吃了。"

第三次铺垫是让姜昆用熏鸡贿赂马季,引出马季嗔怪王景愚"你也是,没烧鸡就不能演了?"这几个看上去像是即兴发挥的串联其实都是经过设计的。所以,春晚的节目都是互相咬在一起的,不能随便调整节目顺序。

1984 年春晚,陈佩斯和朱时茂首次亮相,表演小品《吃面条》,从此小品开始一发不可收拾。当年创作这个小品很曲折,因为吃饭都要粮票,陈佩斯、朱时茂不好意思"白吃白住",中途逃跑了两次,但都被我找人拽了回来。

当时,有对白的小品还没有,《吃面条》到底能不能被观众接受,所有人心里都没谱。于是,我们找了很多体育界的运动员、教练员来检验春晚节目。当《吃面条》演到一半时,朱时茂往台下一看,发现观众基本上都没了,原来他们都笑得趴到地上去了。

但紧接着剧组的人又开始忐忑,因为在那个年代,"笑要健康的笑",没有意义的笑是不允许的。《吃面条》因为"没有高追求",能不能通过审查还是未知数。

到了大年三十,节目还在修改。最终,《吃面条》通过了审查,但是当时由于压力很大我忘记了知会陈朱二人,结果晚会开始后到处找不到这二位。原来因为他们一直对节目能不能上心里没底,就躲出去了,但又不敢坐在观众席上——最后我在一个角落里看见了他俩,我对他们说,节目能上,你们就按审查时的版本演,出了问题我负责。

《吃面条》的一炮而红不仅仅为电视节目增加了新的种类,而且还让观众感受到了单纯的快乐和思想解放的信息。

1990 年,黄一鹤在关键时刻再次受命,导演了他人生中最后一届央视春晚。这一年,黄一鹤首次引入"对抗性",将主持人、演员、观众席分成红、黄、蓝三队,采用了互相挑战的"赛歌会"形式。这一年,赵本山、黄晓娟表演的小品《相亲》一下子把赵本山推到了全国最受欢迎的演员之列。同时,这一年的春晚也为宋祖英开启了春晚之路。

逐梦箴言

没有追求和付出哪来的成功，谁说我们一定要走别人的路。谁说辉煌背后没有痛苦，只要为了梦想不服输。再苦也不停止脚步，人是需要一种精神的，一种不服输的精神。

知识链接

哑剧

是不用对话或歌唱而只以动作和表情表达剧情的戏剧。哑剧的历史悠久，源远流长。"哑剧"一词源出于希腊语，意思是"模仿者"。哑剧不用台词而凭借形体动作和表情表达剧情的戏剧形式。形体动作是哑剧的基本手段，它的准确性和节奏性不仅具有模仿性，还应具有内心的表现力和诗的意蕴。公元前3世纪，罗马已有哑剧演出。在英国和法国，古代丑角的无声表演多在大型戏剧演出之前进行。

智慧心语

一个正确的认识,往往需要经过由物质到精神,由精神到物质,即由实践到认识,由认识到实践这样多次的反复,才能够完成。

—— 毛泽东

凡是新的事情在起头总是这样,起初热心的人很多,而不久就冷淡下去,撒手不做了,因为他已经明白,不经过一番苦功是做不成的,而只有想做的人,才忍得过这番痛苦。

—— 陀思妥耶夫斯基

对于有文化的人,读书是高尚的享受。我重视读书,它是我一种宝贵的习惯。

—— 高尔基

没有机会! 这真是弱者的最好代名词。

—— 拿破仑

第六章

舞台剧导演

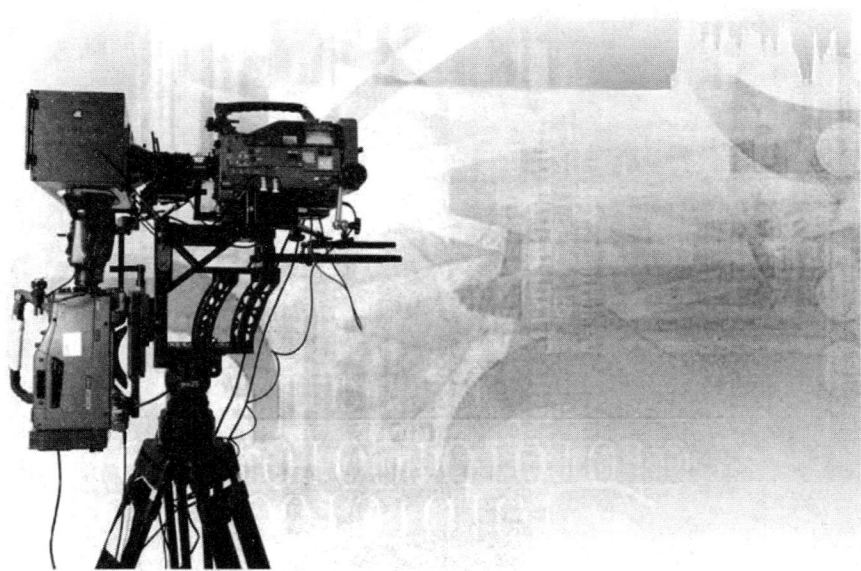

○导读○

　　舞台剧按表现形式可以分为话剧,歌剧,舞剧,诗剧,戏剧,哑剧等。在现代都市人的文化生活当中,文艺演出市场也在呈现出百花齐放的状态。这其中,话剧凸显着独特的魅力。话剧舞台虽小,却屡屡上演与现实世界的"穿越"大戏。这里挑选了以话剧导演为主的几位舞台剧导演,通过他们的故事,更深地了解舞台剧导演的奋斗。

■ 一个叫赖声川的符号

赖声川，台湾著名舞台剧导演，现任台北艺术大学教授、美国斯坦福大学客座教授及驻校艺术家。1954 年生于美国华盛顿，籍贯江西会昌，美国加州柏克莱大学戏剧博士。1984 年创立剧团表演工作坊，被誉为"亚洲剧场之翘楚"。

国画大师吴冠中说，大师是失败最多的劳动者，打工最多的劳动者。而对于同级不同界的赖声川来说，"从灵感到实践最迅猛的智造者，从触动到轰动最迅猛的智造者"似乎才是最为恰当的描述。

在他的成功之路上，很难找到多数大师大器晚成、卧薪尝胆的辛酸故事，取而代之的是年轻有为、宝刀未老的天才纪实。如果说"七步成诗"是古代天才诗人曹植的"专利"，那么跨越了时代与领域，一字之替而寓意不变的"七步成师"，不仅可作为赖声川的标签，更无疑是对他成功之路最好的概括。

在上大学前，赖声川同时获得三所著名大学的录取资格：纽约大学、夏威夷大学和伯克莱戏剧大学。前两者提供高额奖学金，后者自费。如何取舍？本来在选择上也不会很为难，但不幸的是，当时已备出的两年学费和生活费，在读书之前的投资中出现了失误，被骗去了。在关键时刻，生活露出了阴险的面目。

但思考后，赖声川还是选择了思想前卫的伯克莱戏剧大学，不想改变戏剧理想的初衷。但生存问题怎么解决成了最大问题。"当时必须去当劳力赚钱,以度过眼前。他去餐厅打工,整整打了 5 年时间……"

在华人开的中餐馆里,他最初只是跑堂助理,负责收拾脏盘子、倒水,甚至没有资格去端菜。"什么叫放下身段? 什么叫尊重人? 知识分子其实没有什么了不起的! 如果你不得不生存下去,逼着你去生存,我相信你可以做得非常好。"这是赖声川的生存哲学心得。

也是因为这段经历,他区别于一般的知识分子,没有那些清高做作甚至是居高临下的姿态,他学会了发自内心的尊重他人。聊起那段难忘的人生经历,他早已忘却了当年辛苦,而且十分庆幸那段宝贵的人生经历带来的特殊收获。那段时间,他见到了社会形形色色的人,并且把餐厅当成"阅人"的好地方。他看见两个人在谈话,一个人朝着他,一个人背着他,但只有一个人在滔滔不绝地讲述,他就会猜测这两个人的关系,为什么只有一个人在说,另一个人一直沉默着? 这看似普通的情节在一般人眼中早就被忽略掉了,他却能随时捕捉这样的信息并发挥着自己的想象。有时,也会遇到一些非常难忘的经历。

有一次,他突然接到一个电话要求安排预订,事实上,根本就没有空位可订,等在那里的客人都要一个小时以后才能吃上。但是从对方的语气,他知道是一个大客户。后来,他看见一位客人从电梯间走出来,他知道是要求预订的那位,凭直觉他叫出了他的名字,这人二话没说就给了他一张百元大钞。

他对其他服务员使了个眼色,结果这位大客户又一声不响地从口袋里掏出百元大钞给领位的、点菜的、调酒的。赖声川很惊讶,"还没坐到位置上,就给了这么多小费,而且是这么大张旗鼓地给。真是让人看不懂。这样的人,肯定会在我的戏里出现。"生活中的戏剧有时比剧场中还要生动。将餐厅视为剧场,赖声川在学生时代就练就了一双察言观色的火眼金睛。这为他的戏剧创作打下了最重要的生活基础。

社会的历练就是一幕幕戏,而伯克莱的大学校园,更像一个理想中的乌托邦世界,莎士比亚时代的古典戏剧,清一色世界顶尖的学者,给了他思想的养分。课下的生活更是无比精彩。著名的电报街,嬉皮士风格触目皆是,穿着奇装异服的,头上五颜六色的,甚至还有一些精神病患者。

在赖声川眼里,他们都那么可爱,因为前卫、个性、自然与真实。那里还汇集了全世界最好的书店、唱片店和咖啡馆。不同味道不同做法的咖啡香飘四溢,咖啡厅里满是埋首写论文的教授或者博士生。听爵士乐大师的音乐会,看费里尼、伯格曼和黑泽明的艺术电影,这是最日常的生活。此外,伯克莱的一些另类文化也深深地影响着人的思想。赖声川不会忘记"peacecircle"(和平圈)的那群人,每周二的中午,人们站在圈子里面,手拉手,大家为世界和平而祷告,认识的不认识都无所谓,站多久也无所谓,完全是自发状态。

在美国加州伯克莱戏剧大学度过的时光,是赖声川一生中非常开眼界的五年,一种艺术理念开始在那里形成。这些积累,已经让他有实力回台湾开拓自己天地。

在台湾,即兴创作是赖声川小团体创作的一个模式。赖声川开创的戏剧即兴创作方式被喜欢戏剧的人们广为传诵,他的《那一夜,我们说相声》使濒于灭绝的台湾相声起死回生,他的《暗恋桃花源》使无数青年男女为之痴迷。赖声川认为,基本上即兴创作不表示剧本的内容,但这并不是说什么都不知道,其实剧本的大纲和基本形式在自己的脑子里,要时刻保留想法,见了演员后,让演员自己注入自己的角色,在那个角色中创造他所说的话,进而体会作品。为此赖声川经常给演员发很详细的大纲,并不刻意追求固定细节和模式。

赖声川的这种思维的养成是源于 1983 年从美国加州伯克莱大学毕业回到台湾任教。当时那里还没有看戏和演戏的文化氛围,也没有专业的导演、编剧和演员,他们的学校也刚成立,一切都是新的。

回到台湾时赖声川一方面教书,一方面思考关于剧场的创作。所以他面临着两个选择,一个就是把美国整个的体系都拿到台湾来,包括它的制作,排演戏剧的过程,这条路是容易走的。第二条路是非常不可测的一条路,即用这种"集体即兴创作"的方式来做。

这个方式主要是借助导演和演员之间的互动来提炼演员内在的真实

的感觉,让演员针对导演选择的题目提供自己的想法,慢慢开始排,导演来分配角色,根据导演提供的状况来进行无剧本的排练,渐渐地一出戏的雏形就出现了,最后有一个演出时的名字,形式可能都是最后才定的。

这样的方法一直用到今天。赖声川将他称之为"论坛性"的功能,他认为这是自古以来剧场就具有的功能。1984 年年初,他的第一部作品《我们都是这样长大的》在台北上演,有评论把它称为"一个新型的剧场的诞生",却不说它的演出形式新,但是它的创作方式的确是以前没有的,也就是"集体即兴创作"。

对于节奏感的把握或许容易被人们所忽视,但在赖声川看来,却是一部话剧成功的关键,也是除了观察以外,一位优秀导演必须具备的重要素质。什么是节奏感?把握住了节奏感,就等于把握住观众的哭与笑,悲与喜的情感体验。中央戏剧学院教师、青年剧作家史航表示:"对于内地一些导演,一部剧能够让观众笑得不行或者有人哭了,就认为很成功了。但对赖声川来说,让人哭和让人笑不是很简单的事情吗?就像让人吃饱了很简单,吃好了才不容易。赖声川的功力在于,他能让你在要哭的时候先不哭出来,笑了之后能让你静一会儿。"

"我觉得一个导演的本能是对节奏感的掌握。如果没有这个敏感度就当不好导演。"赖声川曾打趣地表示,他对节奏感的把握能力来自于早期在美国餐馆打工的经验,"我在餐馆一个人负责 5 张桌子,当人全部来的时候,你的服务如何保持最高效率,保证很精致的服务,这里有很大的学问。这 5 桌完了以后还要翻台,我们希望翻台,又不希望客人觉得你在催他,因此一定要把握住这里的节奏,什么时候该快,什么时候该慢,等等。"在他看来这同样是舞台剧演员必备的素质。

逐梦箴言

生活中,在遭遇困难时,有些人往往选择了逃避,或是从来都小心翼翼地躲避着困难。困难是人生的一部分,有时,我们想躲也躲不过去。其实,欢迎困难也未尝不是一件好事,诗人不是说:"柳暗花明又一村"吗,困难可以让我们吸取教训,不至于重蹈覆辙;困难可以让我们获得经验,从而变得更加成熟。就这点看,困难是我们精神上的财富。

知识链接

伯克莱戏剧大学

柏克莱戏剧大学是加州大学系统中历史最悠久的学校,于1868 年成立,拥有世界公认的知名学术地位。位于旧金山湾的柏克莱市(Berkeley),有自由、开放,为学生提供了号称全美最多元文化和最富冒险性的生活形态。该校不仅为美国学生所向往,更被来自世界各地的外籍学生推崇,为NO.1 的名校之一。

我的未来不是梦

■ "戏痴"林兆华

他是一个喜欢坐在剧场的角落里看自己的戏上演,用心仔细感受着观众反应的戏剧导演。他是中国剧坛唯一一个不间断地从 20 世纪 70 年代排戏至今的"戏痴",他被传统剧界视为"逆子",他是这个时代的知识分子,不善言辞。他就是北京人民艺术剧院导演林兆华。

林兆华 1936 年生于天津,1961 年毕业于中央戏剧学院表演系,1978 年任戏剧导演至今。他早期作为演员进入北京人艺,20 世纪 70 年代末开始担任导演,至今已导演约 70 部舞台作品。

林兆华在 80 年代初期至中期与剧作家高行健的合作《绝对信号》《车站》《野人》引发中国 80 年代的实验戏剧风潮。这些作品从戏剧文学、剧场形式和思想内容都突破传统中国式的现实主义戏剧,正式开启中国当代戏剧进入现代阶段的大门。

为追求艺术的独立性,林兆华于 1990 年成立了林兆华戏剧工作室,是中国少数的独立戏剧团体之一。他在工作室中创作了许多前卫剧,表现出独特风格的舞台作品,使林兆华戏剧工作室成为中国最具代表性的民间现代戏剧团体。工作室的重要作品包括《哈姆雷特》《罗慕洛斯大帝》《浮士德》《三姊妹·等待戈多》《故事新编》《理查三世》《樱桃园》《建筑大师》等。

这些作品在剧场形式上打破了传统戏剧和现代戏剧方式的框子,超越了与不同类型艺术间的界限,它们最为人注目的是林兆华在舞台视觉上创造出一种独特的空灵美感,同时透过这些作品,林兆华也逐渐发展出其特有的导演语汇与理念和表演方式，包括"无时空戏剧"观念、"双重结构戏剧"的导表演方法，以及多种东方的表演叙述方式。

林兆华的作品风格类型趋于多样化，包括现实主义风格话剧、前卫剧场、戏曲和歌剧等。他在各种类型与风格中都创作出了具有极高艺术价值的作品。20世纪三四十年代的天津到处是洋人和美国大兵，林兆华父亲的工作就是给洋人开车。有一次，他拿回家一个手电筒，超长型的，能放三节干电池。那时候，林兆华经常会拿着它出现在晚上的胡同里。美国大兵到酒馆喝大酒之前，会先哄散在酒馆门口玩弹球的中国孩子，小孩们会用弹弓回敬，酒馆的灯全被打灭了，整个胡同都是黑的。林兆华就会守候在胡同口，一听见有什么动静，手电筒的开关一推，一束笔直的强光。所有人都被黑暗吞没，只有他的手电筒能决定哪些人亮相，在什么情景下亮相。

小学时候林兆华非常淘气，但是却不爱说话，见生人就脸红。林兆华的个性也是从小就有的，从上小学的时候，林兆华就不愿意受束缚，就是喜欢自由。当时的林兆华非常想上大学。但当时家境不好，没上几天初中父亲就让他工作了。林兆华的高中是在业余干部中学读的，那时候的他经常想未来的前途是什么。而那时他有个同学是搞音乐的，经常去广州、上海演出。那个时候去广州上海比现在出国还诱惑人。

林兆华一下就觉得这样多好啊，整天坐在办公桌前多枯燥又乏味。当时国务院发个通知，在职的干部有同等高中学历可以报考，就报了中央戏剧学院表演系。1957年，21岁的林兆华考进了中戏表演系。至于为什么想学表演，林兆华的解释是想当演员想出名。而且当了演员之后可以四处去演出，还有一点是因为学表演对文化课成绩要求不高。

大学毕业后被分配到人艺当演员，林兆华做演员那时候，形象还是不错的，但是经常感冒，影响声音，演起戏来就比较吃力。而且当演员要有能站到台中间的素质，而大多数的演员都没有这样的素质。

演员非常耗费生命，一部戏顶多两三个主角，几十个人的戏，大多数演员都在那儿耗着，有心的演员还读点儿书，没心的演员就在浪费生命。当演员主要的是很被动，你想演什么，创造什么不能随你所愿，被动地接受角色。

后来"文化大革命"开始了，林兆华跟于是之、英若诚、蓝天野等老先生一起下放到农村。他们经常在一起谈创作，我那个时候其实根本就不懂。那时候就莫名其妙地想读剧本读书，虽然被抄了家，但还是有一些书可以读，去图书馆也能借到一些与意识形态无关的名剧本。比如易卜生看完了，接着读莎士比亚，就这样一本一本地读。比如说《浮士德》，在大学时读不下去，那会儿不知道吃错什么药了，突然就读起名著来了。那些老艺术家就觉得 这小子还可以，还这么热爱学习。

后来"文化大革命"结束，赵起扬重新主持"人艺"工作，剧院可也以演戏了。他对林兆华的印象非常好。有一天找到林兆华，问他想不想当编剧。林兆华一想，《海瑞罢官》能搞起"文化大革命"，他又不擅写，于是，他就跟老书记说，"我跟老艺术家学导演吧。"没过两天，赵起扬在全团大会上宣布，我们要重点培养年轻导演，那个林兆华可以试试，能排戏就排戏当导演，不能排戏就回演员队。就这样，林兆华开始了他的导演工作。

在他的作品中，有一部作品是他认为最困难的一部戏，那就是《白鹿原》。早在 2002 年，林兆华就和时任人艺副院长的濮存昕商量把《白鹿原》搬上舞台。2003 年 3 月 25 日，陈忠实和北京人艺在北京正式签约，以"票房分红"的方式，将《白鹿原》的话剧改编权授予北京人艺。接下来是寻找编剧，最终确定由总政话剧团团长孟冰操刀。2005 年 8 月 26 日，北京人艺正式建组。把一部故事跨越 50 年的长篇小说《白鹿原》改为两小时的戏剧，林兆华忙了 3 年。其中主要困难是在剧本上，光剧本就让林兆华忙了两年。他找了几个人改编剧本，但是把《白鹿原》从长篇小说改到两个小时的话剧，难度是相当大的。最后确定孟冰来改这个剧本，因为他在运用语言塑造人物的表达能力上非常突出。

准备的过程是困难的，在排戏的过程中也是困难重重。小说的时间跨度非常长，其内容细节也非常丰富。由于时间的关系，小说里最精彩的部分是没办法放在舞台上的，第一次排戏发现有 3 个半小时，后来就不管饱满不饱满，大胆做了减法处理。

有个名家说过，两种互相排斥的东西碰撞在一起，可能会产生出人意料的诗意。林兆华的这次尝试，也是一种艺术冒险。当林兆华去陕西采风遇到"老腔"这种泥土般的演唱形式时，他决定放弃过于理性的叙事人结构，而将这个跨越半个世纪的故事交给陕西农民，交给他们粗粝的嗓音以及手中浑朴的乐器。"老腔"的劲道，的确让舞台呈现出一种天人合一的生生不息之感，他们在每个关键的转场时突然跳出，或悲壮激越，或哀哭吟鸣，升华了"白鹿原"故事的苍凉和古远。根植于陕西华阴的我国最古老的民间说唱，在现代舞台上复活，成为林兆华这出话剧最大胆又最被叫好的"看点"。

选择用陕西话来演绎这个剧情复杂、人物众多的故事，无疑是这场话剧最让人提心吊胆的地方。方言在这里除了是"话剧之话"，某种程度上还是一种"声音"的实验。它试图和老腔一起，赋予这部话剧以民间和泥土的赤裸感。

林兆华和《白鹿原》的相遇，是一次饶有意味的文化事件。最终的结果，是一部直观的"裸呈"的舞台戏剧。在它初试啼声的这段时间里，进行全面的评价是不现实的。它的所谓"缺点"和"优点"尽管显而易见，但这并不妨碍人们期待它更加成熟。它不会是一部过早定型的舞台作品，它将会获得多次生命，而每一次，或许都将接近那只传说中的灵动的"白鹿"。

逐梦箴言

其实读书有很多好处，就等有心人去慢慢发现。最大的好处是可以让你有属于自己的本领靠自己生存。让你的生活过得更充实，学习到不同的东西。感受世界的不同。

《白鹿原》

　　是陈忠实的代表作。这部长达近 50 万字的长篇小说，是陈忠实历时 6 年艰辛创作完成的。小说以陕西关中平原上素有"仁义村"之称的白鹿村为背景，细腻地反映出白姓和鹿姓两大家族祖孙三代的恩怨纷争。全书浓缩着深沉的民族历史内涵，有令人震撼的真实感和厚重的史诗风格。1993 年 6 月出版后，和广受海内外读者赞赏欢迎，其畅销程度为中国当代文学作品所罕见。1997 年荣获中国长篇小说最高荣誉———第四届茅盾文学奖。已被改编成同名电影、话剧、舞剧、秦腔等多种艺术形式。

狂奔在艺术路上的导演孟京辉

　　把孟京辉捧上当代戏剧导演神台位置的《恋爱的犀牛》已上演 10 年，从《恋爱的犀牛》开始到《两只狗的生活意见》到《琥珀》，孟京辉的先锋戏剧一直创造着让旁人诧异的商业票房神话，大家冲着孟京辉的舞台与廖一梅式的梦呓戏剧涌进小剧场。

　　1965 年，孟京辉出生于北京一个机关大院里。父亲是位高级干部，平时喜欢读读写写。 孟京辉在人们的印象中，机关大院的孩子应该是知书达理、喜欢学习的，但少时的他似乎是个例外，他不但对源远流长的诗、词、歌、赋不感兴趣，反而一天到晚调皮捣蛋，对掏鸟蛋、打枣子、捅蜂窝、摸鱼虾等迷恋不已。这让望子成龙的父亲大失所望，不止一次地摇头叹息："这孩子，将来没多大出息喽！"孰知道，慢慢长大后，孟京辉似乎又从父亲的晨写暮读中感受到了古典文化的妙趣，开始用功苦读起来，久而久之就极大地陶冶了性情、开阔了他的视野，学习成绩也有了大幅度提升。

　　1982 年，17 岁的孟京辉考入北京师范学院（现为首都师范大学）中文系。孟京辉开始了与话剧的第一次亲密接触在这里，学院举行校庆，排演话剧《刘和珍君》。孟京辉受邀出演一名教授，跟随"鲁迅"先生去慰问学生。虽然剧中他没有一句台词，但感觉却甚是良好。演出结束后，觉得不过瘾，孟京辉又咬咬牙，摸出准备吃晚饭的三毛钱，买了一张北京人民艺术剧院的门票，看了一场《推销员之死》，感动得泪水滂沱。自此，孟京辉彻底爱上了戏剧，三天两头不是挤公交车去剧场看戏，就是跟着学院剧团的同学们演戏,忙得不亦乐乎。慢慢地看得多了,演得多了,孟京辉就有了想法:有的剧太土了,有的又不够有个性。要弄就弄个与众不同的戏,这样大家才会对你投去羡慕的目光。这样想着,就开始行动起来:先编写了一部《西厢狂想曲》,是戏说张生考研究生的戏;接着集合一伙男女同学没日没夜地排练,然后就敲打着架子鼓在学校大食堂里公开演出……虽然整部戏充满了荒诞和怪异,但出人意料地吸引了各个年级的学生挤破门围上来观看,以至于不得不演了一遍又一遍。见状,孟京辉来劲儿了,决心"打破中国话剧的现实主义常态",给观众们换一种口味。只不过,这个想法还没来得及去完全落实,大学生活就结束了。

从北京师范学院毕业后,孟京辉被分配到北京东郊的北京化工学校当语文老师,月工资150多元。起初,他也很喜欢这份在外人看来非常体面的工作,讲起课来格外用心、卖力,很快就赢得了学生们的尊敬和爱戴。但还不到一年呢,下课后无事可做的他慢慢变得沉默寡言和迷茫起来。

恰在这个时候,一个契机打破了他固有的生活,而且加快了孟京辉走向另外一条路的步伐。那是1987年夏,有一天,他正闷闷不乐着,昔日一位要好的师兄找上门来,说新创办了"蛙实验剧团",准备排演法国剧作家尤金·尤奈斯库的《犀牛》,请他出马扮演剧中的主要角色"让"。听罢,无聊的孟京辉喜上心头,满口答应下来。于是,两个月后,观众在海淀影剧院看到了孟京辉"精妙绝伦的表演"。舞台之上,"让"狂吼乱跳,质疑着生命的意义。结果,孟京辉一不小心钻进了一条粗大的绳套(舞台布景),结果越挣扎越紧巴,很快就说不出话来。这下子,孟京辉急了,拼命地挣扎起来,脸霎时涨红起来,无奈,就是说不出话来,痛苦可想而知。台下的观众以为这是剧中的情节,因而看到演员的出色表现后,不约而同地鼓起掌来,而且一浪高过一浪。这下子,孟京辉更急了,愈发拼命地挣扎,而观众的掌声也就相应地愈发热烈起来……自然而然,孟京辉的出色表演,成为人们街头巷尾津津乐道的谈资,也为他接下来继续出演《士兵的故事》打下了基础。当然,更为重要的是,通过这次演出他认识了不少来自中央戏剧学院的圈里人,并且发现了自己真正的兴趣所在。由是,1988年,孟京辉果敢地辞掉了工作，独身一人来到中央戏剧学院，踏上了备战考研的道路，并最终考上了该院导演系的研究生。踏入中央戏剧学院，孟京辉如鱼得水。他积极组织演剧活动，致力于打破传统话剧束缚的实验戏剧的探索、研究。

在毕业就失业后的一年中，孟京辉怀揣着导演学硕士文凭，整日在中央戏剧学院溜圈儿、踢足球、看姑娘，浑浑噩噩地混着日子。后来，还是中央实验话剧院院长赵友亮先生慧眼识珠，把孟京辉调进了剧院，从此他才开始了既在体制内又游走于体制边缘的戏剧生涯。

而事实也证明，孟京辉的确是一块不可多得的"话剧导演坯子"。不久，他就排演了一部"周围从来没有过的戏"——《思凡》。戏中他把中国明朝的一对尼姑和尚的怀春故事，与意大利薄伽丘的《十日谈》嫁接到一起，辅之以灵动的舞台、滑稽的模仿，以及和现实有关的时事政治隐喻，显得新意十足，上演后场场爆满。

首战告捷，孟京辉趁热打铁，跟着又排演了法国作家日奈的名作《阳台》，同样场场爆满，直把票价推高到了 30 元一张，而当时一般的戏票价还是个位数。接下来孟京辉一发不可收了，《放下你的鞭子》《百年孤独》《爱情蚂蚁》《坏话一条街》《一个无政府主义者的意外死亡》先后闪亮登场。

然而，虽然饱受好评，孟京辉还是隐隐地感觉有点儿不对劲，像《一个无政府主义者的意外死亡》，80 元的票价已经创下了中国剧场的新高，但总票房却不高。他觉得肯定是哪里出了问题，但又说不出具体的原因。直到 1999 年，孟京辉执导了由妻子廖一梅编剧的《恋爱的犀牛》后，困惑才开始云开雾散。

《恋爱的犀牛》是孟京辉当之无愧最具影响力的作品，从 1999 年首演至今，它经过了 10 年的洗练，更替了 4 拨儿演员，上演了 300 余场，接纳了 15 万观众的欣赏。同时，《恋爱的犀牛》也是除《雷雨》外，被高校剧社搬演次数最多的话剧剧目。

从《恋爱的犀牛》到《琥珀》，从《一个无政府主义者的意外死亡》到《两只狗的生活意见》，将孟京辉导演生涯的 10 余部重要作品串联起来，得到的便是实验戏剧在中国发展的历史。在孟京辉与同伴们的努力下，中国实验戏剧在美学的高度上日臻完善,影响了整整一代文艺青年。可能没有人知道,这部名声响亮的孟京辉先锋戏剧的代表作,在 1999 年却是历经千辛万苦才走进了位于北京北兵马司胡同的青艺小剧场。

要想把《恋爱的犀牛》搬上舞台仅有剧本是不够的,还要面对惨淡的话剧市场,以及资金筹措、演员遴选、剧场选择等一系列现实问题。但对廖一梅和孟京辉来说,困难越多越能激发他们身上蕴涵的能量。在剧场选择上,求爷爷告奶奶地说了一大箩筐的好话,他们才在鲜有人知的北兵马司小胡同里,找到了一个名叫老青艺的不起眼的剧场。在资金筹措上,原本和一家公司谈妥了投资 21 万元,但临近排演时却被人家放了鸽子,无奈之下只好将自己住的房子抵押出去,这才周转了 10 余万元。

在演员遴选上,知名演员请不起,找晚生代演员又担心闷了场子,权衡再三只好搭配组建了一个郭涛、吴越担纲,唐旭、齐志、李乃文、杨婷、李梅、廖凡、靳志刚配合的混合班子。就这样,勉强凑合着,1997 年夏天,《恋爱的犀牛》总算摇摇晃晃出场了。结果,奇迹出现了!《恋爱的犀牛》火了,场场爆满,连过道都坐满了人,老青艺剧场售票窗口前的长龙沿着兵马司胡同一路排到了安定大街,从而创下了首演连演 40 场、场场上座率百分之一百二十的骄人业绩。

自此,《恋爱的犀牛》不仅改变了大家对话剧的看法,而且改变了整个戏剧行业的状态。从 10 年前为《恋爱的犀牛》筹款而四处奔波到今天拥有自己的剧场,孟京辉还在想着组建自己的剧团;从最初改变中国话剧现状的单纯理想到如今成为中国剧坛著名实验戏剧领衔者,孟导也还在想着如何突破自己已经达到的成就顶点。追寻,可能是孟京辉一生都在从事的事业。

逐梦箴言

俗话说":家长是孩子的第一任老师"。那么家庭也就成了孩子面临的第一个课堂。因而,家庭和学校一样,是影响学生成长的主要环境,家庭成员的言行以及由此而形成的气氛环境对孩子的成长起着耳濡目染,潜移默化的作用。

知识链接

中央戏剧学院

是中央部属高校,教育部直属艺术院校,是中国戏剧艺术教育的最高学府,是世界著名的艺术院校,是我国戏剧、影视艺术教学与科研的中心和亚洲戏剧教育研究中心(ATEC),是从事戏剧影视艺术训练和实践的重要基地。现如今在中国很多知名的影视界演员都来自中央戏剧学院。

我的未来不是梦

◉ 智慧心语 ◉

穷且益坚,不坠青云之志。

——王勃

只有刚强的人,才有神圣的意志,凡是战斗的人,才能取得胜利。

——歌德

生命短促,只有美德能将它留传到辽远的后世。

——莎士比亚

世界上最快而又最慢,最长而又最短,最平凡而又最珍贵,最容易被忽视而令人后悔的是时间。

——高尔基

第七章

好莱坞导演

◦导读◦

　　好莱坞电影自诞生后不久就在国际上占据了重要的地位,时至今日已成为世界电影工业的霸主,活跃于世界的每一个角落。而好莱坞的导演们,已经不仅仅作为导演而著名,他们依然成为了明星。这一章中选择了四位好莱坞著名导演,从他们的故事中,我们看到,无论多么优秀的导演,背后都有这一段鲜为人知的奋斗史。

■ "好莱坞"电影天才斯皮尔伯格

称史蒂文·斯皮尔伯格为"电影织梦者"一点也不为过,他是以影片《辛德勒名单》而荣获奥斯卡金像奖的大导演,他的《大白鲨》、《E.T.》、《侏罗纪公园》等著名的商业娱乐片也为全球广大影迷们所熟知,当人们带着这种印象涌向电影院去欣赏那部黑白电影《辛德勒名单》时,却发现了斯皮尔伯格的另一个世界,一个充满智慧和理性的世界,一个真正的电影艺术的世界。

这位为我们创造了一个令人愉悦并充满奇幻的世界级大师,1947 年 12 月 18 日出生于俄亥俄州辛辛那提市。他回忆中的童年是一些充满了幻想的日子,在他的影片中他把这些幻想都表现了出来。

斯皮尔伯格非常迷恋那些超自然的事物,这种兴趣成为了他人生不可缺少的一部分。在构筑他的奇幻世界的过程中,他的家庭起了主要作用。

他的父亲是一名电机工程师,曾经参与了第一批计算机的制造。20 世纪 40 年代末至 50 年代早期,计算机工业遍布美国全国,这也使得斯皮尔伯格和他的家人过着一种不断搬迁的生活。

13 年中,斯蒂芬一家从俄亥俄州的辛辛那提开始搬迁,从新泽西州的海登菲尔德搬到亚利桑那州的斯科特斯德,最后到了加利福尼亚州圣何塞郊区的萨拉托加。每次斯皮尔伯格刚适应新环境,这时他们又该搬家了。

他的母亲是个精力充沛的人,全家人都围着她团团转。母亲是一名钢琴家,她经常邀请音乐界的朋友到家里来,母亲就在起居室开起了她的独奏音乐会。斯皮尔伯格最先接触电影应该是在他的一次生日聚会上，母亲给父亲一个电影摄影机，她希望胶片能为大家存留下美好的记忆。但问题是父亲一丁点摄影天分也没有。而当时只有12岁的斯蒂芬完全被这个8毫米摄影机迷住了。镜头上下不住晃动，父亲拍出的人物模糊得简直难以辨认。这位刚刚萌动的未来的电影大师，睁着他惊讶的双眼，目睹了一位业余摄影者犯下的所有错误。有一天，当父亲给他们全家摄影时，斯皮尔伯格冷静地告诉父亲："握摄影机的手要稳，不要晃来晃去，这样根本拍不好。"父亲听后平静地把摄影机交给他："就由你来充当家庭摄影师吧！你来给我们拍摄。"

从那时起，斯皮尔伯格开始了他的电影生涯。电影为他步入一个幻想世界开启了大门，沿着这条光辉的道路，他终于可以解脱了，逃离了现实，逃离了日常的规则，逃离了学校欺凌弱小的讨厌鬼，这些人赶走了他生活中的光明。从那以后，他只有一个目标，那就是拍电影。

斯皮尔伯格对电影的热情以及脑海中的那些光亮点将被铸造成型。他的首部业余影片《火光》摄于1964年，当时斯皮尔伯格16岁，那是他的第一部科幻影片。自从他接过父亲手中的摄影机以来，他已拍摄了15部影片。不过，在他的眼中，《火光》才是他真正的第一部影片。

然而，斯皮尔伯格直到1967年才开始了自己的职业生涯。加利福尼亚海滩上与一个陌生人的偶然相遇揭开了第二部影片的序幕。他碰到的这个陌生人也想自己拍一部影片。他和斯皮尔伯格都有想拍电影的愿望，唯一不同的是这位名叫丹尼斯·霍夫曼的男人是一位百万富翁，经营着一家眼镜公司。

霍夫曼看过斯皮尔伯格的影片，他很惊讶也很欣赏，他给斯皮尔伯格10000美元，让他拍摄一部短片。在斯皮尔伯格看来这笔钱数目可真不少。霍夫曼唯一的条件就是这部影片要注明是丹尼斯·霍夫曼的《漫步前行》。斯皮尔伯格很干脆地答应了对方，他拿了钱，选用了35毫米的胶片，他开始了《漫步前行》的拍摄。对他来说，这是一个极佳的机会。

进入公司后，他才对摄影棚有了明确的概念。当时他17岁，除了认识同行们之外，他最想的就是进摄影棚。因此一有空，他就偷偷溜进摄影棚四处观望，这里的一切都让他眼花缭乱。突然一个人拦在他的面前，问他在做什么，斯皮尔伯格平静地解释了他对电影的热爱，讲述他曾经拍过的影片以及将来的计划等等。这个人名叫恰克·希尔沃斯，正是他极大地推动了斯皮尔伯格未来的发展。

这个身材瘦削，勇气可嘉的年轻人引起了他的兴趣。并不是每一个人都有胆量在没有接受邀请的情况下，参观环球影视公司的摄影棚，尤其是在拍摄期间。恰克和斯皮尔伯格交谈了一个多小时，并且允许他继续参观。第二天，斯蒂芬给恰克看了一些自己拍摄的 8 毫米胶片，当然这给恰克留下了深刻的印象。几年后，恰克看到《漫步前行》仍激动不已。

成为一名优秀导演，路途并不是一帆风顺的，总是会有意想不到的困难时刻等着你迎接。斯皮尔伯格在拍摄《大白鲨》时，就遇到了困难。当时，环球影视公司拥有彼得·本奇利著作的版权，但不知如何处理。斯皮尔伯格喜欢这个剧本，但是对自己即将踏上的噩梦般的旅途一无所知。最后，这部影片花费了 155 天才拍摄完成，而不是原定的 52 天，拍摄预算也在不断增加。三条巨大的鲨鱼各重 150 千克，总价值 45 万美元。考虑到这些机械鲨鱼的复杂性，必须再增加 300 万美元的预算，使原本就已经很庞大的预算达到了 1 100 万美元。有近 20 个人帮助建造这条鲨鱼，13 个人来操作，这条鲨鱼被他们昵称为"布鲁斯"。

拍摄《大白鲨》让每个人都快发疯了。剧中主演理查德·德莱弗斯后来承认在渺无人烟的新英格兰海岸，气候极端恶劣，生活在这样的地方，再勇敢的人都会流泪，再安静的人也会对着天空说话。所有的摄制组人员包括斯皮尔伯格都受够了，一切让他们感到沮丧。他们只有一个想法，尽快离开这个鬼地方！德莱弗斯自己也承认《大白鲨》可能是今年最糟糕的一部影片。但是《大白鲨》被认为是当年最恐怖的电影，公众为之疯狂，竟成为历史上最卖座的影片。

成功的背后总是有失败作催化剂。1977 年 11 月，斯皮尔伯格拍出了《第三类接触》，立刻引起了轰动，比《大白鲨》更为成功。在经历两次巨大的成功之后，斯皮尔伯格经历了第一次失败。

1978年拍摄《我想握着你的手》。影片记叙的是甲壳虫乐队成长的经历，但这部影片出来得太晚了，那时甲壳虫乐队已成"旧闻"。接着1978年，斯皮尔伯格拍摄了一部闹剧《1941》，影片讲述的是日本的潜艇轰炸了美国沿海的一个城镇，小城被恐慌包围的故事。斯皮尔伯格对喜剧一无所知，所以，这部闹剧变成了他导演生涯中的一场前所未有的灾难，但他必须面对现实。《1941》是一个值得好好学习的教训。一个评论家说道："令人遗憾，但又是必要的，公众感到遗憾，但对导演却是必要的。"虽然失败了，但是皮尔伯格获得了一条重要的经验，从现在起，坚持自己最擅长的电影。

他一心追求尽善尽美。接下来他指导了《第三类接触》续集，但公众对这部影片反应不冷不热。接着，他拍摄了《旧汽车》，又一部失败的影片。但是这些失败并没有让斯皮尔伯格气馁，尤其在和《星球大战》的导演乔治·卢卡斯相遇之后，更激发了斯皮尔伯格的雄心。他俩同时在夏威夷度假时，让他俩进行合作的想法已经深深扎根于夏威夷人们的心中。很快，他们便开始拍摄一部由冒险连环漫画改编的电影——《法柜奇兵》，这部影片成功了。

有些导演把电影精炼成小众艺术，有些导演则用电影娱乐观众，而悠然信步于两者之间的斯皮尔伯格总会让人觉得高高在上：电影大师、票房冠军、好莱坞大佬、金牌制作人。褪去这些标签，斯皮尔伯格只是一个依然有梦的真诚电影人。斯皮尔伯格曾说过，"电影是梦想，我们做着白日梦长大，有一天会将那些脑海里的幻像变成镜头里的真实"。

逐梦箴言

　　我们都有很多梦想，我们做着不同的白日梦长大，只要一直坚持，从一次次失败中寻找出属于自己的道路，终有一天那些存在于脑海里的幻象会成为现实。

知识链接

奥斯卡金像奖

　　奥斯卡金像奖，也称奥斯卡奖，原名学院奖，正式名称是"电影艺术与科学学院奖"，设立于 1927 年，每年一次在美国洛杉矶举行。该奖是由美国电影艺术与科学学院颁发，旨在鼓励优秀电影的创作与发展的奖项，半个多世纪来一直享有盛誉。"

我的未来不是梦

■ 偏执狂：詹姆斯·卡梅隆

在每一篇详尽描述詹姆斯·卡梅隆生平的文章里，几乎都要不可避免地使用"恶名昭著"这个词。没错，他在拍摄地是个苛求、专横的"暴君"；在家庭中是个不会体贴并且见异思迁的丈夫；在好莱坞同行看来，卡梅隆是一个偏执狂和烧钱的机器。

然而在很多普通影迷眼里，这些指责完全无关紧要，它们不是鸡蛋里挑骨头就是出于嫉妒的恶意攻击，世界上只有一个詹姆斯·卡梅隆，那就是大英雄詹姆斯·卡梅隆、大天才詹姆斯·卡梅隆、无与伦比无所不能的大导演詹姆斯·卡梅隆。

毫无疑问的是，詹姆斯·卡梅隆是 20 世纪最引人注目的导演之一，他曾经两度创造电影投资的最高纪录，拍摄过一部世界上有史以来最卖座的影片，平了一部影片获得奥斯卡奖数目的纪录，并且每一部影片都为以后的电影树立了技术的标杆。

詹姆斯·卡梅隆的早年生活就不同凡响且充满预示性。1954 年，卡梅隆出生在加拿大奥兰多的一个中产阶级家庭，其父是一个电气工程师，而母亲是一个艺术家，似乎他一生下来就注定会具有工程和艺术两方面的才华。

少年时的卡梅隆就具有非凡的工程才能和组织能力，曾经带领小伙伴们制造过一个足以在地面上留下弹坑的抛石机，以及用一个自制的潜水艇把一只老鼠送到了尼亚加拉河底。在艺术方面，他曾和母亲学习过多年的绘画,并且曾在家乡举办过画展,并且很小就开始写科幻小说,在 12 岁时所写的一部科幻小说被看作是他的科幻影片《深渊》故事的原型。

在卡梅隆 14 岁的时候,他看到了大师斯坦利·库布里克的《2001 太空奥德赛》。当时卡梅隆被惊呆了,在电影院里连续看了 10 遍之多,从此在心灵中萌发了制作电影的愿望,开始用父亲的 8 毫米摄影机拍摄一些简陋的影片。

中学毕业以后,卡梅隆被一所大学的物理系录取,他很快就对大学的课程感到失望,跑出校园闯荡社会。他干过机械修理工,更主要地是给别人开大卡车,有趣的是直到今天詹姆斯·卡梅隆看起来还是更像一个卡车司机,而并非一个电影导演。1977 年,卡梅隆看到了乔治·卢卡斯的经典科幻影片《星球大战》,他激动地意识到这就是他想创造的东西。

这使詹姆斯·卡梅隆确立了自己的人生方向并开始为此忙碌起来,从来没有受过专业训练的他开始到处寻找机会接受电影人,熟悉从镜头到摄影机导轨的各种电影制作器材,甚至和朋友制定了人生第一个拍摄计划,想要利用手头的设备和自制的模型制作一部 10 分钟的科幻影片!

詹姆斯·卡梅隆是少有的特技设计出身的导演之一,认识到这一点对理解卡梅隆以及他的作品非常重要。在以后的电影创作中,卡梅隆一向把特技制作放在一个极其重要的位置,而且经常亲自参与设计和实施特技的制作。

在卡梅隆的电影里,卓越的特技制作不但总是创造出令人目瞪口呆、热血沸腾的视觉效果,而且能够和情节自然地融为一体,丝毫没有生硬和炫耀的感觉,这与卡梅隆的特技师出身是分不开的。但这并不是说,特技就是卡梅隆电影的全部。卡梅隆不但是个优秀的特技工程人员,更具有一般的工程人员不具备的想象力,以及一些别的东西。

斯皮尔伯格这样评价卡梅隆,"他是那种典型的技术型小子,但又能把故事讲得楚楚动人。"

大家认为卡梅隆在《阿凡达》上花费了 12 年时间,其实不是。"从筹备到拍摄完成,《阿凡达》一共花了 4 年时间。但早在 13 年前,他就已经有了此片的初步构想。但考虑到特技效果无法满足影片拍摄需要,影片一直被推迟。

此前,卡梅隆用了差不多 8 年时间,潜入深海,制作一些探索深海的纪录片。在这个过程中,他亲自研发了 3D 虚拟影像撷取摄影科技。与此同时,卡梅隆也做了一些 3D 电影方面的推广和准备工作。直到 2005 年,他认为是时候推出《阿凡达》了,"因为全球 3D 银幕的数量已经成千上万了。"《时代》杂志透露,为这部影片工作的有一千多人,影片代表了当今数字电影制作技术的最尖端水平,其中有两项技术最突出,一个是 e-motion 动作捕捉技术,另一个就是数字 3D 立体电影技术。

拍摄中,演员们都是在摄影棚蓝幕、绿幕前,全凭借自己的想象表演。电影的实拍镜头则使用了卡梅隆的 3D 虚拟影像撷取摄影科技拍摄。虚拟摄影机系统会让卡梅隆可以立即从监视器中看到真实演员和虚拟环境的互动,这让他可以更好地执导演员和电脑生成的角色和环境配戏。

而电影中的外星世界潘多拉星球苍翠茂密的水生丛林环境,全部由位于新西兰的彼得·杰克逊的威塔数码公司制作,也就是《指环王》和《金刚》背后的传奇团队。威塔公司的技术人员运用最先进的电脑生成影像技术把拍摄的人物和环境转化成照片级的虚拟影像,最终把观众带到一个广阔的外星世界。

7 月 23 日,《阿凡达》20 分钟的片段在全球试映,观众在影院里,仿佛真的进入丛林,蜜蜂、蝴蝶都在身边飞来飞去。《阿凡达》有 3000 个特技镜头,而热映的《2012》所有的特技镜头是 1500 多个。"《阿凡达》最令人激动的一点就是它创造了全新的世界。如果想创造一种文化,技术可以帮助做到这一切。我们不必在现实世界中建立这样的幻想世界,我们通过计算机创造了'潘多拉星球',同时真人演员也能在其中无懈可击地表演。"卡梅隆合作多年的制片人乔恩表示。

对于卡梅隆来说,在拍摄《阿凡达》的过程中,最具挑战的就是不仅要创造一种全新的技术,并且还要充分地了解它。作为一个导演,只有在了解技术本身的基础上才能知道怎么在影片中运用它。

除了技术之外,卡梅隆还时刻让自己沉浸在整部影片的情感氛围中。因此从技术的角度讲,这部片子是极具难度的。但观众是不会在意那些新兴技术,观众在乎的是他们在电影院里看到的东西。

不只是《阿凡达》,几乎他的任何作品都是个人代表作,甚至是时代代表作:从《异型2》到《终结者》系列,从《真实的谎言》到《泰坦尼克号》,当代电影史上总是有他浓墨重彩的一笔。他知道自己的成功,也懂得自己——"任何男人想成为父亲或丈夫很容易。但这世上恐怕只有5个人能胜任我所做的工作,所以我要一如既往地勇往直前。"

逐梦箴言

人要充分的了解某项技能或技术,才能知道怎么在实践中充分的运用它。人生不管做什么事情,都要目标远大,准备充分。这是个人走向成功的必要条件。

知识链接

3D 技术

3D 是英文 "Three Dimensions" 的简称,中文是指三维、三个维度、三个坐标,即有长、宽、高。今天的 3D,主要特指是基于电脑、互联网的数字化的。3D、三维、立体技术,也就是三维数字化。目前,在全球的电影院里商用化的 3D 放映技术主要包括:主动立体和被动立体两种。近期,一些公司又推出采用 RGB 分色技术的光谱立体放映技术(INFITEC)。

3D 成像是靠人两眼的视觉差产生的。人的两眼(瞳孔)之间一般会有 8 厘米左右的距离。要让人看到 3D 影像,就必须让左眼和右眼看到不同的影像,使两副画面产生一定差距,也就是模拟实际人眼观看时的情况。3D 的立体感觉就是这样来的。

■ 好莱坞独行怪侠蒂姆·伯顿

提起好莱坞的著名导演,常常想起的就是蒂姆·伯顿,从《剪刀手爱德华》到《蝙蝠侠》再到现在的《僵尸新娘》,每一部影片都给我留下深刻的印象。他的作品涉及社会生活的各个角落,通过舞台的种种效果,留给观众深刻的内涵。

看他的影片第一反应就是"怪",在细细品味之后,你才能感到他的真实道理。蒂姆·伯顿热衷描绘错位,善于运用象征和隐喻的手法,常以黑色幽默和独特的视角而著称。难怪有人说蒂姆·伯顿能把现实与科幻完美结合,是新世纪最可能创造电影神话的导演。

蒂姆伯顿1958年出生在美国加利福尼亚州班博市。童年生活的地方就离好莱坞的几个大制片厂很近,所谓近朱者赤,近墨者黑,蒂姆·伯顿从小性格孤僻,不爱交际。在童年的很长一段时间里,他都觉得自己是个"外国人",他与周围环境格格不入,不懂教育的父亲长期把他锁在自己的房间里,封闭而孤独的童年使得孤独的成分在他的性格中生根发芽,影响了日后他的电影生涯。

在他9岁那年,他画的一张反对乱丢垃圾的获奖海报被当地一家清洁公司看中,张贴在他们的垃圾车上有一年的时间。高中毕业后他去了加州艺术学院,这所学院当时是迪斯尼公司绘画师的一个重要来源,伯顿毕业之后也顺理成章地去了迪斯尼公司当上了一名动画师,并参与了一些传统动画片的制作,从此开始正式学习和从事动画工作。

他最初为迪斯尼公司的《狐狸与猎犬》之类的主流电视动画片工作,但这些并不能发挥他特异的个人灵感的优势,于是迪斯尼给他一定的自由,让他从事自己的项目。

20 世纪 80 年代早期,伯顿先后搞出两部短片,《文森特》和《弗兰肯维尼》,一部是对恐怖片演员文森特的致敬,一部是《弗兰肯斯坦》的儿童改编本。从题材上就可以看出伯顿动画实验短片的倾向,但这些早期作品太过显露伯顿的个人趣味和品质,最初被认定不适合儿童观看,并被永远禁放。

但当时一名演员保罗·鲁本斯慧眼独具,看出这个 20 多岁的年轻人具有良好的潜质,就请他制作了一部成本稍高的《大冒险》。这不仅是一部精彩的影片,而且在票房上也获得很大的成功。于是,伯顿开始成为好莱坞引人注目的新派导演。紧接着,他执导了一部超自然喜剧片《甲虫汁》,这部怪异而前卫的影片再次使得观众和影评家对这位年轻的导演另眼相看,也使他在动漫画一类影片制作者行列中脱颖而出。

当伯顿还是一名美术专业的学生时,有一天,他决定不再按照写生课上老师教的和其他人一样的方式来画画,而是只根据自己的想法随心所欲地画,那一刻,他便实现了超越。他的电影构思依旧从速写簿开始,他的《蝙蝠侠》系列里面的企鹅人,《查理和巧克力工厂》里的奥古斯塔斯·格鲁普,以及《爱丽丝梦游仙境》中的红心皇后的素描初稿,都是十分令人着迷的,他一直保存着这些作品。

伯顿一般都是会随身携带纸笔的,随时想到什么看到什么,想画下来就画下来。过去没有如今名气的时候,伯顿一向放心地去到购物商场,想画谁就画谁,如今可没这么容易了。然而如今他更有可能会坐在酒吧的黑暗角落里,再拿出他的素描簿。有时伯顿会四处闲逛,看到一个人,一名人物角色,如果觉得不错的话,他就会回去画出来。蒂姆伯顿曾说过:"我把我的电影当作异于常人的孩子……他们也许有某些缺陷,也许存在一些奇怪的问题,但我依然爱他们。"

而他的这种爱在拍摄《爱丽丝梦游仙境》时遭受了最严格的考验,这部电影运用了所有可运用的数字动画技术,来创造这种超现实主义的风格。

面对这个问题,伯顿说:"在那之前我从未拍过《爱丽丝梦游仙境》这样的电影,当时,我就一直杂乱无序地忙乎。我想我应该不会再那样拍电影了。"

之前在伯顿工作的时候,总会有三两个人在旁边提供协助,而使工作能够进展下去。但在拍摄《爱丽丝梦游仙境》时,每一项工作都必须完全分开处理。这让他觉得对于一名导演来说,电脑绘图的领域真的是学海无涯。对此他说,"虽然会受到一些因素限制,但你什么都能做一点儿。我并没有起用任何专项技术人员。这一切竟然能完成,我也颇为惊讶。"

在伯顿的事业生涯中,他曾有一段时期似乎热衷于拍摄高预算的好莱坞大片,就像进入了威利·旺卡的巧克力工厂的维鲁卡·索尔特。后来,他禁受住了诱惑,努力支撑到有朝一日可以讲述那段往事,讲述那种精神,你能想象那是多么斗志昂扬和顽皮淘气。随着年渐成熟,他经常觉得自己越来越不负责任了。他说:"我想更重要的是,你该去做一些你真正在乎的事。"

逐梦箴言

"不积跬步无以至千里";"腹有诗书气自华",自古以来都非常注重积累。文化其实就是积累的表现。人的一生就是积累的一生,岁月在积累,知识在积累,阅历在积累,情愫在积累,成功在积累。

知识链接

华特迪士尼公司 NYSE: DIS(英语:The Walt Disney Company,TWDC,在 1995 年之前,中国大陆曾译作沃尔特迪斯尼、台湾曾译作华特狄斯奈、华德狄斯奈或华德迪斯奈,香港曾译作和路迪士尼),简称迪士尼。它是世界上第二大传媒娱乐企业,1923 年由华特·迪士尼与兄长洛伊·迪士尼创立。

美国电影鬼才昆汀·塔伦蒂诺

昆汀·塔伦蒂诺出生于 1963 年 3 月 27 日,是 20 世纪 90 年代美国独立电影革命中重要的年轻导演,以独特的个性和对商业电影和艺术电影均有深刻理解著称。擅长非线性讲述故事,难忘的对白及血腥场面,将美国本土 B 级片的黑色暴力风格发扬光大。

昆汀出世时,他的父母都非常年轻,16 岁的母亲康妮还在护士学校上学, 20 岁的父亲托尼则是学习法律的大学生。昆汀的父母都是电影爱好者,父亲还曾经一度有志成为专业的演员,就连昆汀这个名字也来源于影星伯特·雷诺在《枪之烟火》所扮演的角色。

昆汀两岁那年,他们全家搬到洛杉矶定居。于是,昆汀就在这座电影气息浓厚的城市长大。而且在昆汀很小的时候,父母就经常带他去看电影。在这样的环境下,从童年时起昆汀就不知不觉地爱上了电影。昆汀·塔伦蒂诺之所以被称为"电影鬼才",在于他从未受过正规的电影教育,却能完全靠自学和天赋创作出诡异有趣的电影作品来。18 岁从中学毕业后,他在曼哈顿海滩的一家名为"录像档案馆"的录像租赁店里找到一份工作。

打工赚钱的同时,昆汀和好友罗杰·阿瓦里可以在那里整日地观看和讨论各种不同影片。在此期间,他通过大量观看和仔细研究逐渐领会并掌握了众多电影知识和技法。1986 年,昆汀和他在上表演训练班时结识的一些朋友共同拍摄了一部短片《我好朋友的生日》,可是由于种种原因,这部作品没能完成。

不过这次编导的经历也为他积累了宝贵的电影经验。于是,在此后的两年内他就连续创作完成了两部正式的电影剧本《真实的浪漫》和《天生杀人狂》。到了 1991 年,积累了一定经验的昆汀拿到了出售《真实的浪漫》剧本所得的 5 万美元,于是决定开始拍摄自己的第三个剧本《落水狗》。由于资金有限,起初他打算把《落水狗》拍成 16 毫米黑白胶片的超低成本影片,而片中的重要角色也只能由自己和一些朋友扮演。在筹备期间,昆汀离开了那家录像带租赁店而开始为一间名为"Cine Tel"的小型影视公司作改编工作。在这里,他结识了制片人劳伦斯·班德尔,并从此开始了好运。

这位"鬼才"导演,影响了一代人的电影审美观。他的电影手法奇特而多样,把跳跃的思维、超前的意识、新鲜的视听语言带给观众,而掀起了影迷们对他有如宗教般的狂热。而他所掀起的狂热,乃是源自于他内心对电影一份最狂热的迷恋。

没有什么可以浇灭昆汀的电影热忱。从他会讲话、会走路的时候起,就是个不折不扣的影迷。在他 160 分智商的脑袋里,有着一些连专家也无法解释的超强记忆因子,所有的电影像一个个文档被归类存放,随便抽一个电影名字出来他能滔滔不绝跟你讲一大堆。

在许多影评人的眼里,昆汀是个天生的自大狂、完美主义者,除了用"完美无瑕",他无法找到别的词去形容他自己的电影。如果说《落水狗》和《低俗小说》让昆汀·塔伦蒂诺崛起影坛,确立了他作为暴力美学和黑色幽默电影代表性导演之一,那《无耻混蛋》无疑标志着他在电影叙事和风格上的成熟。在他拍摄《无耻混蛋》的过程中,也是遇到了很多的问题。《无耻混蛋》的剧本昆汀从 1997 年就开始写了,那时写出来的情节是他非常喜欢的,但他认为写出的那些都称不上是电影。在这中途,昆汀去拍摄了《杀死比尔》。完成《杀死比尔》后,他跟自己说:"保留人物,再重新创作整个故事吧!"

然后就开始了再次写作。然而昆汀并不懂打字,所以,这个剧本其实是昆汀用右手食指这一根手指在一台打字机打出来的。说到对这部电影的焦虑,并不是创作剧本的过程。昆汀说《无耻混蛋》就好像一条拉紧了的橡皮圈，一定要够紧才可称为一个情节，愈拉得紧且拉紧的时间愈长，那情节就愈好。在昆汀看来，拍《无耻混蛋》时的压力完全要比拍《杀死比尔》时的压力大，这是因为要按着工作时间表的进度赶工，有些场面要在两天内拍完，实在很沉重。

昆汀所取得的成功从某种意义上说也是独立电影取得的成功。进入20世纪90年代，电影似乎只有依靠高成本、高科技和明星效应才能吸引观众。而昆汀所代表的独立电影则坚持低成本路线，证明了以深刻的内涵、独特的风格、超前的意识、新鲜的视听语言也同样可以抓住观众的心。

同时很多制片商也被独立电影投资小、风险低、回报大的特点所吸引，开始为独立影人投入必要的资金。所以在《低俗小说》之后，《猜火车》《罗拉快跑》等大量优秀的独立影片也在商业和艺术上取得了令人瞩目的成功。

昆汀还以视点切分剧作结构、利用声音剪辑进行故事衔接等电影手法都对以后的影片产生了深远的影响。有意思的是，昆汀在成名之后并没有像大多数人一样去购买名车豪宅，也不怎么光顾那些影视名人聚集的餐馆，继续过着比较简朴的生活。

不喜欢挥霍的他却为加州大学电影档案馆捐了一大笔钱，并且每年都要自己组织一个电影节为影迷们播放一些被人遗忘的影片。由此可见，昆汀这个多少有些古怪的电影天才还像他成名前一样真诚地热爱着电影。

影像诗人

一个自由的人，既可以享受思维的乐趣，拥抱理性与常识，也可以跟随灵魂的舞蹈，在凡俗生活之外拥有一个诗意的世界。一个自由的人，是最具有判断力的人，同时也是最具有创造力的人。

知识链接

"独立电影"

"独立电影"的概念来源于 20 世纪中期的好莱坞。当时的好莱坞由所谓"八大电影公司"所垄断，一部电影拍摄的运作遵循步骤严谨的"制片人制度"。这种"制片人制度"的目标完全瞄准市场，期望获得最大的利润，因此，尽管这种制度为电影事业带来的大量资金，但也限制了电影创作者的发挥空间。于是，一批电影人摆脱"八大电影公司"的控制，自筹资金，甚至自己编写剧本，自己担任导演，拍出了许多与商业电影截然不同的思想性强的电影，被人们称为"独立电影"。

智慧心语

世人缺乏的是毅力，而非气力。

—— 雨果

没有德性的美貌，是转瞬即逝的；可是因为在你的美貌之中，有一颗美好的灵魂，所以你的美貌是永存的。

—— 莎士比亚

希望是附丽于存在的，有存在，便有希望，有希望，便是光明。

—— 鲁迅

读书在于造成完全的人格。

—— 培根

我的未来不是梦

第八章

动画导演

◦导读◦

　　动画导演，是整个动画制作群的领队。导演是整部作品制作的关键。导演不一定要亲自画每一幅图画，但他必须把握全局，对角色设定、作画监督、声优(配音)、音响监督等的工作做出明确的指示和要求。这就要求动画领导要有一定的能力和精神。这一章选了几个著名的动画导演，从他们的故事中，我们可以看到他们的奋斗历程，他们的努力，还有他们身上值得我们学习的闪光点。

■ 孙悟空之父——万籁鸣

万籁鸣,号籁翁,艺名马痴。世界动画大师,艺术大师,中国剪纸艺术第一人,动画电影创始人,世界著名导演,近代世界 500 名人之一。

他 6 岁入私塾开蒙,厌恶死读古书,不背书不写字,却在课桌上偷偷画老塾师像。一次正巧被发现,老师见这幅人物肖像画画得不错,竟没用戒尺打他,脸上还露出了笑容。万籁鸣读书半年,只会写一个"马"字,但字写得很好,有骨架,有精神。原来他喜欢马,同学们都笑他是"马痴"。他对马情有独钟,各种色彩的马以后都画进了动画片《大闹天宫》,堪称"画苑一绝"。

1916 年,是万籁鸣人生转折的一年。他在南京高等师范任绘图员兼缮写员,遇见了著名教育家陶行知先生。陶先生刚从美国归来,时任该校教务长。他见万籁鸣工作勤恳专心,业余时间学习勤奋,就让万籁鸣听自己的课,为他创造深造的机会。陶先生向他灌输爱国思想,并指导他读书,提醒他重实际效果,从而影响了他一生。1919 年商务印书馆向全国招聘工作人员,在报纸上登出广告。万籁鸣跃跃欲试,寄画稿自荐,竟被选中,从此走上专业绘画的道路。他的画形象生动,富有时代感,令人刮目相看。那时他才 20 岁,美术部主任竟尊称他为"籁翁"。

20 世纪 20 年代,万籁鸣受美国动画片启发,联系中国的走马灯、皮影戏以及活动西洋镜的投影原理,开始和他的 3 个弟弟万古蟾、万超尘、万涤寰研究动画电影。1925 年与万古蟾摄制动画广告《舒振东华文打字机》,开始动画创作生涯。

　　万籁鸣先生导演的完全凭手工制作出来的鸿篇巨制动画片《大闹天宫》，全面发挥了多年来形成的精巧细腻的艺术风格，影片具有浓郁的民族气息，以幽默而富有装饰性的艺术造型，生动的情节，几年内创下了上亿票房。同时也震惊了国际动画界，在数十个国家和地区发行，并荣获第22届伦敦国际电影节最佳影片奖等无数奖项，此后的40年里，没有一部国产动画片能够达到《大闹天宫》的艺术高度和影响力。

　　动画片的特点之一为人物造型的独特性。平面的动画只有在准确、生动和优美的造型中，才能赋予人物以各种不同的性格和气质，从而使他们成为鲜活的形象。万籁鸣曾表示对于孙悟空的形象他是熟稔，在新中国成立前也曾经对《西游记》中的几个主要人物做过造型设计，但是今天在银幕上的孙悟空的形象，已经脱胎换骨了，要从故事的新奇、趣味着眼，将孙悟空处理成一个喜剧式的小人物。

　　将《西游记》原著改编为《大闹天宫》文学剧本也是一项非常艰巨的任务，编和导为一身的万籁鸣同另一位编剧李克弱接下改编的任务后，首先面临着就是产生敢不敢"碰"的问题。结果选中了《西游记》前七回，反映压迫者与被压迫者尖锐的冲突与斗争，认为其有深刻的现实意义，于是在《大闹天宫》文学剧本中，戏剧矛盾集中表现在孙悟空与以玉帝为首的统治者之间，而孙悟空勇敢机智、顽强不屈的性格，也在这种冲突中逐渐成长成熟起来。

　　万籁鸣老先生清楚地记得最后一场配音时的情景。录音亭内战鼓咚咚，杀声震天，上影乐团的乐师们热烈地演奏着打击乐器，发出强烈而有节奏的巨响，大银幕上出现了见了几百次的孙悟空。那天的孙悟空似乎是格外地神采奕奕，勇猛矫健，只见他穿着鹅黄色的上衣，大红的裤子，腰间束着虎皮短裙，脖子上还围着一条翠绿色的围巾，挥舞着金光闪闪的金箍棒。孙悟空的欢乐的笑声攫住了万籁鸣的感情。一年多来在纸面上与之朝夕相处的孙悟空终于生龙活虎地站在万籁鸣的面前，二十几年来一直耿耿于怀、渴望能见之于动画的孙悟空终于诞生了。

　　《大闹天宫》所创作动画的"图纸"不同于一般的故事影片，除了要有导演、分镜头剧本，还必须给出"图画台本"，即要把整个影片的故事情节以及主要的人物画像连环画一样一幅幅地画出来，再计算出每一个动作的分秒时间，最后装订成册。比如孙悟空与哪吒激战的一段，"孙悟空与哪吒激战正酣，突然他从自己颈后拔下3根毫毛，送往口中一吹，随即便成了3个孙悟空，连真身在一起，4个孙悟空攻击哪吒。"这样的一个镜头，在银幕上只放映5秒钟，但在"图画台本"中，却要画上100多张画稿。

《大闹天宫》整部影片的'图画台本'长达12本，那要画上7万余张连续动作的画稿，但这还是上集的画稿数字。故事中的场景和人物已经超出了创作人员的想象范围，因此带来了莫大的创作困难。

1959年底，原画组、设计组等主创十多人背着画架北上采风，遍访故宫、颐和园、香山碧云寺等，从古代建筑、绘画、雕塑等方面吸取创作灵感。《大闹天宫》中对天宫背景的绘画灵感，即来源于这一次采风。

面对如此之多的艰难困苦，但是，万籁鸣还是坚持了下来，并且获得了成功。万籁鸣学画的路途并不顺畅，对于万籁鸣学画，父亲一度坚决反对，多次警告说，学画的下场就像夫子庙贡院西街画室里的穷画师那样。然而，在万籁鸣眼里，那些穷困潦倒、无人知其姓名的穷画师们，简直个个都是大师。接连几个寒暑，他都伫立于画室窗外，迷恋地张望，经常一站就是一两个小时，有时还偷偷走进画室，想看得更清楚些。画师们大多挥手示意他出去，唯有一位白发苍苍的王姓老画师，特别友好，总是招手让他走近观看，还教给他不少绘画技巧。可惜，当万籁鸣打定主意正式拜师时，画室里却见不到老画师了，问其他画师，他们只淡淡地说"病了"，没人肯告诉他住址。老画师可能是贫病交迫死去了，这在当时是常有的事。然而，笔力高超但生不逢时的穷画师的凄凉境遇，没有使万籁鸣止步。

18岁那年，家里已经到了山穷水尽的地步，作为长子，万籁鸣再也不忍心用父母借债来的钱读书学画。他在南京高等师范学校找到一份誊写讲义的工作。当他前去报到时愣住了，里面坐着的尽是些四五十岁的人，戴着老花眼镜埋头刻蜡版。

万籁鸣绘画有根底，字迹秀丽清晰，插图精巧美观，速度又快，许多教师都指名要他刻讲义。虽然一天下来头昏眼花，但每月可挣到20块大洋，终能分担家庭重担。不久他发现刻蜡版也大有乐趣，因为讲义涉及各个学科,插图中有形状各异的动物、千奇百怪的植物等,边刻字边画图边浏览,他学到了终生受用不尽的丰富知识,这些后来在绘制动画片过程中得到了充分的表现。

万籁鸣这个值得我们尊敬的中国导演艺术家,他的出现终使得我们的动画可与迪斯尼相媲美。

逐梦箴言

爱因斯坦有句名言:"兴趣是最好的老师。"心理学研究表明,一个学生如果产生了学习的兴趣,便会进一步转化成学习的动机,成为激发他们解决问题的动力。因为人们对自己感兴趣的事物,总是力求去探索它、认识它、得到它。兴趣,是人们积极探究某种事物的认识倾向。是在需要的基础上产生发展的。兴趣是成功者探索知识宝库的一把金钥匙。

知识链接

陶行知

陶行知(1891.10.18--1946.7.25),汉族,安徽歙县人,中国人民教育家,思想家,伟大的民主主义战士,爱国者。是中国人民救国会和中国民主同盟的主要领导人之一。曾任南京高等师范学校教务主任,继任中华教育改进社总干事。先后创办晓庄学校、生活教育社、山海工学团、育才学校和社会大学。提出了"生活即教育"、"社会即学校"、"教学做合一"三大主张,生活教育理论是陶行知教育思想的理论核心。

■ 动画大师宫崎骏

从《天空之城》到《千与千寻》,从动漫,到音乐。宫崎骏的卓越让他成为了日本动画界的一个传奇。可以说没有他日本的动画事业会大大的逊色。他是第一位将动画上升到人文高度的思想者,同时也是日本三代动画家中,承前启后的精神支柱人物。宫崎骏在打破手冢治虫巨人阴影的同时,用自己坚毅的性格和永不妥协的奋斗又为后代动画家做出了榜样。

宫崎骏,日本知名动画导演、动画师及漫画家。1985 年与高畑勋共同创立吉卜力工作室。宫崎骏在全球动画界具有无可替代的地位,迪斯尼称其为"动画界的黑泽明"。其动画作品大多涉及人类与自然之间的关系和平主义及女权运动。

宫崎骏的成功首先得力于他超强的创造力和出奇的想象。他的电影画面细腻,主配角都被他刻画得栩栩如生,情节生动充满魔幻色彩。1984年,宫崎骏导演的动画电影《风之谷》一炮打响。从此为开端,宫崎骏与挚友高畑勋在德间书店的出资下联手成立"吉卜力工作室",致力于动画长片制作。

宫崎骏生于 1941 年的东京都文京区,在四个兄弟中排名第二,父亲是宫崎家族经营的"宫崎航空兴学"的职员。在第二次世界大战中因战时疏散,举家迁往宇都宫市和鹿沼市。他所在的家族经营一个飞机工厂,属于军工企业,所以战争后期物质匮乏中也能保持颇为温饱的生活,宫崎骏度过了相当自由的幼年生活。

我的未来不是梦

143

幼年时代的宫崎骏喜欢看书，看漫画。在中学时代，打算成为漫画家，进而开始积极练习漫画。高中3年级的时候，他邂逅了第一个恋爱的对象：就是东映动画的日本第一部长篇彩色电影《白蛇传》里面的白娘子。

之后，宫崎骏进入学习院大学政治经济部。大学里面没有漫画社，所以进入了与之最为接近的儿童文学研究会，传说社员只有宫崎骏一个人。这期间创作了大量的漫画，也曾向贷本漫画出版社投稿，不过似乎没有完结了的作品。

在大学毕业后，宫崎骏作了影响一生的就业决定：放弃漫画，去东映动画。1963年4月宫崎骏进入东映动画公司，从事动画师的工作。由于宫崎骏是次子，有长子继承家业，所以可以按自己喜欢的选择自己的职业。

放弃漫画选择动画的原因据本人说是因为被人说自己的作品是在模仿手冢，在自己并不这么认为的情况下。他意识到自己无法超越手冢这样的漫画家，于是选择了即使不是原创也无所谓的动画。

宫崎骏进入东映时仅仅是最底层的原画人员。第一部参与制作的作品是东映在同年12月的剧场动画《Wanwan忠臣藏》。紧接着宫崎骏参加了东映首次制作的第一部TV动画——《狼少年ken》。

当时，他提出的一些企划常常不被采用，但是宫崎骏还是坚持着他的理想。看了俄国动画片《雪之女王》之后，宫崎骏心中的创作火焰更为旺盛了，他后来这样回忆道："我看到了动画的制作是何其慎重且值得珍惜的事业……动画是一个如此纯粹、素朴，又可让我们贯穿想象力来表现的艺术……它的力量不会输给诗、小说或戏剧等其他艺术形式。"

1982年在宫崎骏迷的心目中，是一个重要的年份，因为这是《风之谷》开始在德间书店的Animage杂志上开始连载的时刻。这部以文明毁灭后千年，边境小国风之谷的公主娜乌西卡因在腐海森林中漫游，遭遇宿命的王虫，卷入人类的战争而开始的漫画，一直连载到1994年才完结。

为时12年，长达7卷的这部漫画巨著，不但包含着史诗般宏大的篇章，跨越生命和生死的追寻之旅，对人类和自然的深层哲学思考，更是宫崎自己对环境保护和人文主义长期思考，不断深入的思考的结晶。

1983 年《风之谷》的动画开始制作。宫崎骏一人担任导演、脚本、分镜表的全部工作。由于从最底层一直干到最上层,宫崎骏有着主导从故事到作画,动画大部分工作的能力。电影最后变成了宗教般的结尾,虽然制作者觉得不大满意,但是在放映时却意外的非常让人感动。

在该作的成功背景下,1985 年在德间书店的投资下,宫崎骏联合高畑勋共同创办了吉卜力工作室,该名字来自二战时候意大利的一款侦察机,意思是"撒哈拉沙漠的热风",由于宫崎骏父亲曾经是飞机制造厂工作,从小宫崎骏就对飞行和天空充满着向往,这也是吉卜力的由来之一。也正因为这个情结,宫崎骏在日后的许多作品中,始终贯穿着天空场景和各式各样飞行器的刻画。宫崎骏监督此间的作品是绘本《修那之旅》。

宫崎骏能够如此成功,不仅因为他在工作面前有着这样执著认真,有不服输的精神,同时,在他的心里永远都住着一个小孩。他讲故事的方式,就是秉持童心看世界,直指事物的本质,让想象力恣意驰骋。无论时代如何变动,他始终透过动画,传达一项永远为世人所需要的价值——希望。例如,在日本即将迈入泡沫经济鼎盛期前,宫崎骏 1984 年以《风之谷》提倡环保对人类的重要性,人类文明必须与大自然和平共生。

1987 年,日经指数涨破两万点,1989 年更涨到 3 万点,消费欲望高涨。在纸醉金迷气氛正炽时,宫崎骏却推出返璞归真的《龙猫》。整部动画充满自然美景、乡村风情与怀旧乡愁,唤醒沉醉于物质享受的日本人"我们也曾拥有如此纯朴而踏实的生活"。宫崎骏创作《龙猫》的用意,就是想让人看完之后,可以怀着欢喜、愉悦的心情回家。宫崎骏经历了日本泡沫经济从鼎盛到破灭,也眼看着网络科技迅速席卷全球。纵然这个世界有顺境、有逆风,宫崎骏却从来不放弃"希望"。始终透过他的动画,提醒人们注重环保与反战,懂得珍惜身边的美好,为孩子的未来留下一个健康快乐的成长空间。

宫崎骏的思想源泉其实是都是儿童,他为了自己可以更好的创造,特意在工作室旁,开办了一家幼儿园,叫做"三匹熊的家"。在此就读的小朋友,全都是他工作是员工的孩子。他创办幼儿园不为别的,一是可以让有孩子的员工能够安心工作，另一个，就是这个可爱的动画大师可以随时近距离的观察儿童。宫崎骏每天都会去偷看幼儿园的小朋友在做些什么，在这过程中，他发现小朋友每天都在成长，而这个成长的过程总是会带给他创作时的勇气与动力。

宫崎骏感性地说，"我觉得这些小朋友其实是给大人们一些希望。"然而希望并不是凭空想象而来。对宫崎骏而言，有两个方法去发现希望，一个是"观察"，他除了自己每天观察幼儿园的小朋友之外，也要求工作室的工作人员，要好好观察从窗外经过的小朋友。宫崎骏发现希望的另一个方法就是"相信"，他的信念就是相信。"早已遗忘的东西"、"未曾留意的东西"、"以为早就失去的东西"，对于宫崎骏来说，这些到现在一定都还存在。就以《龙猫》为例，宫崎骏认为，对于小月与小梅来说，相信龙猫真的存在这件事，就可以让她们获得解救，让她们觉得自己不是孤立无援。

在这其中，有着宫崎骏自己感情的投射。宫崎骏6岁时，母亲因肺结核住院长达9年。因此，他放学回家后，必须帮忙照顾两个弟弟。为了安抚哭闹的弟弟，他在纸上画画、说故事，这也在无形之中奠定了他往后的动画生涯。

宫崎骏是日本动画产业的中流砥柱，一个最优秀的折中主义者，从手法来看，它的艺术语言一点也算不上前卫，他一直是在别人的实验基础上耐心打磨，然而就是这样，他的技巧反而让更多的人领略到。或许宫崎骏这样做的目的在于，他明白要想让世人警醒，那他的语言反而要温和，因为过分刺耳的呐喊有时会让脆弱的人类掩起耳朵。或许宫崎骏吃了折中主义的亏，那使他不能成为一个耕耘者，但宫崎骏更多的占了折中主义的便宜，他成了一个收获者。其次，他完美的把握了现实和想象的平衡，他让人知道想象世界的美好，一切如天花乱坠。看他的作品，就好像在人类狭窄的后脑上开了一扇广阔的天窗，让人不由自主的相信梦想的力量，因为梦想的存在是借以人与神比肩的理由。从开始到现在的所有作品，宫崎骏思想是一以贯之且辩证发展着的，他的世界观，历史观，人生观和艺术观都有着明晰的脉络，最终都为了构建那个完美的宫崎骏世界而努力！

逐梦箴言

作为动画导演,要有丰沛的创造力和出奇的想象,对于有些人来说这些能力就是天赋,可是对于没有这些天赋又想成为动画导演的人来说,就需要后天的培养。这个培养的过程,就需要有永不放弃和坚持不懈的精神。只要持之以恒,终可成功!

知识链接

东映动画

东映动画成立于 1948 年,是日本老牌动画制作公司。初期成立以日本动画有限公司为公司名称,后来于 1952 年更名为日动映画股份有限公司,1956 年被东映收购后成为旗下的动画部门,更名为东映动画股份有限公司。

梦工厂动画电影新贵导演
——克里斯·米勒

看过《怪物史莱克》的人，都不难忘记那个大怪物，王子不再是故事的主角，而换成了一个怪物。这部动画片的导演，就是梦工厂新贵导演克里斯·米勒。

克里斯·米勒(Chris Miller)是目前好莱坞当红的动画电影导演，其执导的《穿靴子的猫》赢得了不俗的口碑，还拿下了两个周末的北美票房冠军，上映不到两周，全球票房过亿元，克里斯·米勒无疑成为梦工厂的动画电影新贵导演。

克里斯·米勒1975年生于美国华盛顿州，大学就读加州艺术学院，主修的就是动画专业，1996年克里斯·米勒大学毕业，他在两年后进入梦工厂工作，并且一直到今天仍然是梦工厂的一员。

在梦工厂工作的初期，克里斯·米勒只是梦工厂的小人物，但是他多才多艺的一面很快引起部门领导的注意，他不仅能配音，而且还能编写剧本，本身他的电脑绘画和手工绘画的功力也不俗，他开始参与梦工厂的三维立体动画《怪物史瑞克》的创作当中，担任该片的配音和编剧工作。

克里斯·米勒相继参与了《怪物史瑞克2》、《怪物史瑞克3》的剧本创作，他与其他编剧不断扩大史瑞克的家族阵容，让史瑞克这个中年怪物不断遭遇危机，使得该系列成为梦工厂的王牌产品。

在编剧之余，克里斯·米勒还参与了很多动画电影的配音工作。梦工厂动画电影有一个非常显著的特点，那就是一定会找明星来配音。但其他配角不会去找明星来配，这就需要专业的配音演员了，有过几年配音经验的克里斯·米勒,已经是梦工厂配音阵容中不可或缺的一员了。

无论在哪一个行业,往往是有能力将技巧变成属于自己的能力的人,才能够成有机会成为强者。克里斯·米勒就是一个这样的导演。在经历了编剧和配音演员之后,克里斯·米勒仍然在不断寻找机会转型,毕竟这位70后的年轻人还是感觉到了自己上升的可能性,他的梦想就是要当导演,并且他也一直为这个梦想而不遗余力地努力着。

2005年,《怪物史瑞克3》的项目启动,当时公司高层在物色新的导演,克里斯·米勒当然是借助编剧时期打下良好基础毛遂自荐,经过不断的阐述和比稿,卡森伯格最终拍板有克里斯·米勒来执导《怪物史瑞克3》,这部电影也就是成了克里斯·米勒的导演处女作。凭借着《怪物史瑞克3》的成功,克里斯·米勒奠定了在梦工厂的导演地位,他也开始为自己的下一部作品做准备。梦工厂《怪物史瑞克》系列将在2010年的第四部上映后终结,但这也许只是暂时的终结,当日后梦工厂缺乏王牌产品的支撑时,史瑞克和驴子又会也说不定出山。

但《怪物史瑞克》中的又一个主角靴猫进入的高层的视野,在克里斯·米勒的提议之下,《怪物史瑞克》番外篇《穿靴子的猫》项目启动,克里斯·米勒亲自担任该片的总导演。克里斯·米勒一定很想用《穿靴子的猫》的故事从"史莱克"的世界中解放出来。因为那些角色们已经失去了往日的"犀利",讽刺的语气也不再新鲜了。

他很想尝试一些更会咄咄逼人和挖苦讽刺的角色。他想让这只猫展开一个救赎的故事,在一个充满了克林特·伊斯特伍德和假面佐罗风情的世界,展现一个个如安东尼奥·班德拉斯般有魅力的角色。

然而,在这部动画片制作的过程中,也是遇到了很多的挑战。比如,这次建模很庞大,同时也是一种挑战,尤其是天上的云彩。

这是一段经过了多年痛苦和纠结的制作。制作三维云彩是非常费时的工作,因为需要设计它的体积和维度,还要通过多次散射给它加背景光。并且,与角色建立联系相当困难。

必须在塑造美丽宏大的山水风景的同时,让这些小角色们突出出来,这是一个非常费劲的过程。因为在这中间必须要找好平衡。在做豆茎的时候也是如此，豆茎很像一个角色，但它又要非常复杂，特别是当它飞快地从地里发芽成长的时候。

这是这部电影里最让导演抓狂的部分，就是在电影中有一个巨人。为了设计出这个巨人究竟有什么特别的地方，克里斯·米勒绞尽脑汁，甚至走到了死胡同里。这是一个非常难熬的过程，米勒需要不断地思考好多问题。他是个两个脑袋的巨人吗？他是个发明家吗？他是个宇航员吗？

但是最终，他们将"发明家"这个设定放在了汉普蒂这个角色身上。而令他们自己也没有想到的是，他们最后将那个令他们绞尽脑汁的巨人给杀掉了，这同时也成了一个转折点。

逐梦箴言

克里斯·米勒的成功，不仅仅是因为他有着成为动画导演的梦想，更重要的是，他有为梦想而奋斗的精神。

知识链接

梦工厂

梦工厂电影公司始建于 1994 年 10 月，三位创始人分别是史蒂文·斯皮尔伯格、杰弗瑞·卡森伯格和大卫·格芬。梦工厂的产品包括：电影、动画片、电视节目、家庭视频娱乐、唱片、书籍、玩具和消费产品。梦工厂是唯一能与迪士尼抗衡的动画电影公司。制作的动画包括：《埃及王子》《怪物史莱克》系列，《小马精灵》《辛巴达七海传奇》《马达加斯加》系列、《功夫熊猫》系列、《超级大坏蛋》等，并在 2010 年之后推出全新 3D 动画大片《驯龙高手》《穿靴子的猫》。

■ 米歇尔·欧斯洛的浪漫与传奇

米歇尔·欧斯洛（Michel Ocelot），法国动画大师，曾任世界动画电影协会（Asifa）主席。出生于法国蔚蓝海岸的米歇尔·欧斯洛，童年曾与父母在西非的几内亚生活，而在巴黎取得艺术学位后，便将毕生精力完全贡献给动画电影与个人创作，全数作品皆源自其亲笔撰写的剧本以及绘制的图像。早年，欧斯洛只是做一些动画短片，但已经难以掩饰他令人侧目的天分。

当年，米歇尔还只是一名短片制作人的时候，做了 20 年的电视连续剧。然而后来有不少影评家都注意到了他的天分。1994 年，一位制片人建议他制作一部长片，那时他已经 45 岁了，但他立刻想到了自己 6 岁到 12 岁期间与父母一起在非洲几内亚生活的日子，以及他念念不忘的在童年时代父亲的藏书中，读过的那些非洲童话，于是他构思出了叽里咕这个出类拔萃的小黑人，这些生动活泼的小黑人形象一跃而出。

整整三年间，他奔波于巴黎、昂古莱姆、布鲁塞尔、里加、布达佩斯和卢森堡最终在法国构思出了《叽里咕和女巫》(又译：叽里咕历险记、纪鸳哥和女巫）的故事，并于多个摄影棚摄制完成。影片获得了巨大的成功，在法国创下了 150 万人次的票房收入，售出了 80 万张 VHS 和 DVD 光盘，58 万张专集和填色画册，并远销至 50 多个国家。在芝加哥国际儿童电影节上，它获得了两项大奖：儿童评委奖和父母评委奖，成了真正意义上老幼皆欢的动画影片，全票通过。

在第 61 届柏林电影节上，米歇尔献上了他的新作《夜的故事》。跟其他的参赛片比，它是独一无二的，不仅仅是因为它是 3D 的，它也是动画的，它包含的六个故事可以独立存在，也因为在那些严肃的或者急于要去讨论什么的电影里，它显得如此云淡风轻，关心的只有王子、公主和巫师。

《夜的故事》里有一个故事叫《永不撒谎的男孩》，这个故事源自于西藏。米歇尔在原版的基础上做了不太多的改动。米歇尔的故事大多是原创的，因为他平时会阅读大量的民间故事来积累创作灵感。但是《永不撒谎的男孩》这个故事却是个例外，米歇尔认为这个故事本身就已经很有趣了，尽管是稍微有些粗糙，但整体非常好。

故事发生在西藏，但米歇尔加入了一个来自中原的公主，这可以通过她的头饰辨认出来。米歇尔认为中国的古画都非常美，并且，他对此也有很多了解，所以非常想将这些画面放到他的影片中。

米歇尔的创作基本上都是从原来的故事中汲取灵感，但他并不满足于原来的故事，他想用他自己的方法去讲故事。说到对《永不撒谎的男孩》这个故事的改动，只是电影里的公主原型是国王的妻子，她非常讨厌那个养马的男孩。

并且米歇尔还创造了另一只神驹，原来的故事里只有一只会说话的马，他认为这世界上应该还有比这个更棒的马，所以就加入了一只会唱歌的母马。米歇尔的故事里总会加入一些柔情的东西，用以表达原版里所没有表达的一些重要的情感，比如马的爱情，公主对男孩的爱情，等等。

《夜的故事》同他过去的一些作品一样，是用皮影戏来表现形象和故事。米歇尔认为这是一种很好的创作方法，这个方法既便宜，而且效果非常好。

米歇尔从小就爱做手工和画画，后来专习美术。早期获奖的短片《三个发明家》、《可怜驼背人的传奇》都是他一个人手工制作的。他用普通白纸和糕点衬纸一点一点拼接剪裁出每一个动画形象，色彩很素，动作、对白都很简单，甚至像是幻灯片。那时他又没钱又失业，只能依靠从小练就的手艺。

而现在，他使用电脑特效，拥有更大的制作团队，有了更多的投资，并且在第 61 届柏林电影节上一展他的 3D 作品《夜的故事》。尽管如此，他还是要求特效师按照最初的手工原作进行设计。大块的几何轮廓、粗线条的形象、过于简单或过于鲜艳的色彩。

米歇尔的动画片，一看就知道是动画片。因为他使用黑白剪影等相对节制的方式，故意让观众看出来这不是真的，只是一部童话，但情感是真实的，观众应该在这些点线面的变化中加入自己的想象。他说，"这是共同创造的过程，我讲故事，你和我一起玩耍，这样才能让彼此信服。"相比之下，米歇尔的第一部作品，同样探讨"差异"的短片《三个发明家》就要巧妙精准得多。故事讲在一栋漂亮的房子里住着一家三口，他们都是天才的发明家发明了远远领先于时代认知的新奇物品。

父亲发明了能飞行的热气球，母亲发明了自动编织机，女儿发明了发条玩具。当他们满心喜悦地与邻人们分享自己的创作时，却招致恐慌进而是破坏和毁灭——邻人们孤立他们、摧毁了他们发明，最后点火连同房子一起将他们焚烧。

这个短片是由剪纸、铝箔等制作的，纯白的人物形象干净纤巧，细节处又如蕾丝般繁缛，与传统二维的剪纸不同，米歇尔通过阴影的处理使动画体现出层次感。影片如此精致，很难想象它完成于 1979 年，而且技术和资金均严重匮乏。

米歇尔介绍说，这部作品是用他爸爸的摄像机拍摄的，当时也没有专业的动画学校，很多东西需要自己发明和摸索，"拍摄过程中人物的脖子会断掉，还有许多其他的错误"。尽管《三个发明家》的前 12 分钟看上去完全是个"将美好撕碎给人看"的残酷故事，但最后一分钟，米歇尔还是将其拉回了童话的轨道——画面缓缓右移，出现了一个正在操控摄像机的小人："你们看到了吧？这是在拍电影呢。"

其实米歇尔并不喜欢那些逼真的、完美的动画成品，在他眼里这些成品就好像是汉堡包一样，"不用观众动脑子，让人觉得单调"。他反而喜欢中国传统水墨画，可以从画中看到笔触，看到毛笔扫过的痕迹，看到花鸟鱼虫是怎样被制作出来的。

　　动画电影的导演恐怕都不会承认自己的作品只是给孩子欣赏的,米歇尔也不例外。时至今日,人们仍然在米歇尔的前额上贴着"儿童"的标签,但他对此并不反感,反而他觉得正是因为有这样"标签"存在,才可以让他的创作更加随心所欲:"人们对我没防备,他们并没有意识到即将面对一个怎样的故事,而我乘虚而入,一击即中。"

　　米歇尔·欧斯洛可以从全世界的童话故事中寻找素材。往返于非洲、欧洲的童年记忆以及广泛的阅读,都让他对异国的文化格外开放,日本人物、中国剪影、伊斯兰细密画等元素在他的作品中不断出现,富人和穷人、男人和女人、不同种族不同信仰的人们不断地和解。

　　早在孩童时期,他跟随父亲去几内亚生活,就开始接触大量非洲童话,并沉迷于世界各地的故事书当中。正如他自己所说,"我在非洲很快乐,在科纳克里上学,被平静、热心的人们所包围。天主教徒、新教徒、泛神论者和穆斯林都很自然地生活在一起,那种舒适感已经内化成了我的价值观。"

　　人与人的差异是他成长的土壤,也是他希望通过作品来"消灭"的东西。他说他喜欢中国人大力宣传的"和谐"的概念,喜欢故宫里用"和"字创造出的五花八门的宫殿名称,他一个一个给记者讲解太和殿、中和殿、保和殿的英文翻译,认为里面颇有深意。

逐梦箴言

　　回望历史,但凡成就大业者,必有开阔的视野,开拓自我,从而更加深刻地体会并不断实现自身的人生价值。在世界多元化的今天,我们面对着很多的机遇和挑战。真正的胜利,不是孤芳自赏、故步自封,而是开阔眼界,从而超越自我。人往往有巨大的潜力没有发挥出来,也许当你开阔了视野之后,你的思想胸襟都不会痛,潜力也会慢慢挖掘出来。米歇尔·欧斯洛正是因为有着丰富的人生阅历,和大量的知识储备,才会取得今天的成就。

知识链接

柏林电影节

　　柏林电影节(Berlin International Film Festival)原名西柏林国际电影节,与戛纳国际电影节、威尼斯国际电影节并称为世界三大国际电影节,最高奖项是"金熊奖"。20 世纪 50 年代初由阿尔弗莱德·鲍尔发起筹划,得到了当时的联邦德国政府和电影界的支持和帮助,1951 年 6 月底至 7 月初在西柏林举行第一届。每年一次,原在 6 ~ 7 月间举行,后为与戛纳国际电影节竞争,提前至 2 ~ 3 月间举行,为期两周。其目的在于加强世界各国电影工作者的交流,促进电影艺术水平的提高。

智慧心语

生活需要一颗感恩的心来创造，一颗感恩的心需要生活来滋养。

——王符

进步，才是人应该有的现象

——雨果

生命短促，只有美德能将它留传到辽远的后世。

——莎士比亚

希望是附丽于存在的，有存在，便有希望，有希望，便是光明。

——鲁迅

第九章

巾帼不让须眉

◦导读◦

在中国，有关导演的列传大多着眼于书写男性导演与其作品，但当下的中国电影，女性导演执导的影片也不容忽视，她们是中国当代电影史的一部分，却不被人注意。一个女性有讲述的欲望，最终完成自己的影像，需要克服来自生理和家庭的双重制约，这是多么困难而又是多么幸福的事情！在粗笨的机器背后，在剧组的男人堆里，在风餐露宿的拍摄途中，那些驾驭一切的女人，是何等的强大！

放弃当军官而选择读书的胡玫

把《乔家大院》、《雍正王朝》、《汉武大帝》这些大戏连起来,很多人恐怕想不到,拍出这样厚重而恢宏历史故事的竟是个女导演。而即便知道导戏的是个女子,在很多人的想象中,怕也是那种端着大茶缸子、披件军大衣、趿拉着大头皮鞋、大嗓门训人的"女光棍儿"吧?

其实并不是这样的,她,一个热衷化妆、购物、为儿子讲童话的女人,一个以女性视角描绘大时代脉络的女导演,一个在片场戴着墨镜呼呼大睡的弱女子。她就是胡玫,第五代导演代表之一,中国电影集团国家一级导演。是中国屈指可数的优秀女性导演之一,她追求个性化的视听语言、独特的视角、悠缓的叙事风格,使她游刃于艺术与现实之间。

胡玫的童年是在一个温馨、充满爱意的家庭里走过的,但那段童年也有刻骨铭心的伤痛。在胡玫看来,那是她人生经历中非常重要的一个时期,对后来的世界观的形成,打上了很重的烙印。

胡玫的父亲是一位在指挥界享有盛名的指挥家,母亲是一位歌唱家。所以,非常注意胡玫在音乐方面的培养,从小就给小胡玫找了最好的钢琴老师,让她学钢琴,每周还要走很远的路,到广安门的老师家上课。在胡玫的印象里非常慈祥的父母,有时候就会拿着小棍站在一边,监督小胡玫每天练琴一两个小时钢琴,小胡玫时常趁父母不注意偷偷把表拨快一点,以逃避对她而言有些枯燥的琴键时光。

后来在特殊时期,钢琴被贴上了封条,房子也被封了,父母被关了起

我的未来不是梦

来，一直到落实政策。胡玫和两个哥哥相依为生，幼小的记忆随后完全被一个历史政治的印记裹挟在里面。那段不堪的往事在一个孩子的心灵中造成一种无奈、非常局促和挣扎的一种感觉。胡玫在现场谈到那种感觉时说，"好像我的作品总是有点悲剧色彩，喜欢营造一种正剧或悲剧的气氛，这就跟那段经历有关。因为童年经历过，那样的印记是抹不掉的。"

经历了人生最大的变故，胡玫慢慢认识到人性的两面性，开始思考一些人生的意义，探寻着一点点微微的光，在走了很远很远的路之后，逐渐成熟起来。

1975 年胡玫从高中直接就考到总政话剧团，当了兵，如愿以偿地实现了在学校里设想的长大以后当文艺兵的梦想，开始了在话剧团跑龙套的生涯。四年以后，国家恢复了高考，一大批荒废了很久的孩子，终于有了读书的希望。当时的胡玫，还是很有些犹豫，因为她马上要提干，可以当个军官了，于是两种选择摆在了胡玫的面前。这个时候，胡玫的父亲出现了，毫不犹豫地让胡玫读书，而且没有商量的余地，就是让她选择读书。

报考电影学院完全是一次意外，因为对当时做演员的胡玫来说当导演是一个太遥远、不敢想的事，甚至是一件有些可怕的假想。报考演员，又觉得自己不够漂亮，没底气，就天天到与家隔着一道墙的电影学院看报考的考场，一直拖到离截至报名还差三天，碰到一个当时在北影做导演的大哥，他问胡玫怎么不去报考导演，还对她说再不去就没有机会了。于是胡玫就穿着军装去了考场取招生简章。

招生简章的第一章是导演系，她看完导演系的篇章之后，就没有再往下翻，觉得好像就应该干导演。走进考场，一大群考官坐在那里。本来就很紧张的胡玫，自选的诗歌还没有朗诵完，突然考官老师问她：同学，你为什么要报考导演系？一下子蒙了的胡玫，把问题和现成的答案在心里过了一圈之后，却没有说，而是添油加醋的说了一番在她看来实在的实在话，结果让好多老师听得哭了，流下眼泪，当时就全票通过让胡玫准备复试。就这样，胡玫顺利地走进了电影学院导演系的课堂。

身为一名导演，北京电影学院的这段经历，无疑是胡玫生命当中最重要的一段经历。因为是恢复高考后的第一批考生,张艺谋、陈凯歌、田壮壮一大批第五代领军人物都出自胡玫那个班。还在电影学院实习的时候,胡玫就在中国第一部电视剧《庄严的大门》扮演角色。当时,胡玫的同学已经拍出使中国电影走向世界的非常重要的具有转折意义的作品,而那两部影片也给很多同学带来了很大的振动和刺激。

1984年在八一电影制片厂的支持下,胡玫组织起了包括主创导演、摄影、美工、录音工种在内的青年摄制组,所有主创人员都是由同学组成,摄制组的平均年轻还不到27岁,非常年轻。在与同学李小军合作导演的第一部故事片《女儿楼》的时候,给配合拍摄的部队说戏,部队的士兵面对一个义正辞严说戏的小女孩,都低着头不好意思的在笑。

但是不久,胡玫就与她的同学拍出了让人刮目相看的军队女性情感故事片《女儿楼》。那部在网络调查中数据为零的《女儿楼》,是胡玫导演的第一部电影作品,当时就被国际影评界评为"文革"后的第一部女性题材影片,备受关注。两年之后,胡玫又独立导演了比《女儿楼》中的女兵更个性化的心理故事片《远离战争年代》,也先后获过前苏联第10届亚非拉国际电影节银奖和意大利第32届萨尔索国际电影节评委会特别奖。

作为女性导演,要在剧组里驾驭各个工作岗位,让工作人员都信服于她,是一件不容易的事情。在胡玫刚当导演的时候,有一次,她差点跟男演员打起来。有一个男演员曾是全国武术比赛的前三名,但在拍戏时,他不太注重自己的行为,胡玫几次通过制片跟他协调,但他拒不改正,还不听指挥闹情绪。当时,胡玫就跟他说:"作为导演,我要求你必须从那边走过来。"

但是还没等她说完,那个男演员就开始骂脏话,还扬言要打人。于是,胡玫就指着地上的砖头说:"有本事你现在就拿起来砸我。"那个男演员犹豫了一秒钟之后,便按照胡玫的要求把戏完成了。像这样的情况,胡玫曾经遇到过很多次,有的比这个还惊险,但是她都安然度过了。她认为,能拍出好的镜头才是最重要的。

曾成功导演了《雍正王朝》《忠诚》等戏的胡玫以认真、严肃著称。《汉武大帝》的剧本策划在几年前就开始了,为了准备最翔实的资料,胡玫走遍了现在所能见到的汉代皇陵墓，一个个地方地考察，翻看讲述汉代历史的书籍数不胜数，这几年她还时刻留心着汉代考古情况，一有消息就记下来，作为拍戏的资料。在拍摄《汉武大帝》时，有一次，经过化妆师的一番收拾，胡玫对陈宝国的造型连连点头，"等一会儿再给他弄些汉代的菜，让他吃饱点"，看似小小的幽默，其实是对细节的要求。

实拍开始，汉武帝正襟危坐，一旁的小太监小心翼翼地看着皇帝的眼色为其夹菜，"导演，这味儿不对啊！"陈宝国抿着嘴忽然叫停，原来这道菜放置太久，有点变味。胡玫赶紧要求换热菜，"汉武帝用膳是非常挑剔的，菜的颜色不仅要好看，味道也要好，赶紧给他换换"。镜头拍了三次，汉武帝终于满意地咽下嘴里的菜。

还有一场戏，是田丞相牵着9匹良驹进殿献给汉武帝，并趁机告王恢的状。"快擦地板，墙根角也要擦干净。"还没明白怎么回事，大殿的地板已被擦得光亮光亮。原来，为了场面真实和画面效果，每次拍摄全景之前，大殿的木地板都要擦得一尘不染。

但是，这场戏的"演员"还有9匹马，它们可不懂得保持清洁，马蹄子乱踩、马尾巴乱甩，拍着拍着还来一堆粪便。无奈，地板又得重新擦洗，一场戏几次重拍，大殿的地板差不多被擦了10遍。马是古装戏中必备的道具，与马合作对演员来说也是常有的事，但要置身在9匹马之中表演，还是令人发憷，万一被哪匹淘气的马儿踢一脚怎么办？

这场戏讲述的是汉武帝相中了田丞相献上的一匹"绝尘"马，有一个细节是陈宝国需扳起马的前蹄相马，正当陈宝国围着那匹白色的"绝尘"转时，忽然感觉身后被踢了一脚，原来是张世紧张地围着他转的时候不小心踩了他一脚，"你不要老围着我！"陈宝国感到又好气又好笑。"我是怕被踢一脚。"张世也被弄得哭笑不得。这个相马的镜头就拍了好几次。

每拍一次，胡玫都会把陈宝国和张世叫到监视器前看回放，指出哪儿该怎么改，哪儿的表情还不对，然后再重新拍一次，直到满意为止。整整一个下午，她只拍了两场戏。

这就是胡玫，这就是一个女性导演成功的魅力所在！

逐梦箴言

在人生的风雨之中会有无数的路,有的路选错了也不会影响到最终的结局,但有的选错了就会留下终身遗憾。在人生道路的岔路口上,我们应该学会取舍。学会正当的取舍才是为人处世的真谛。学会正确取舍,我们才能成就人生精彩。人生路上学会取舍,我们才能成就人生辉煌。胡玫就是放弃了当军官的机会,而选择了继续读书深造,所以才造就了今天的胡玫。

知识链接

八一电影制片厂

是中国唯一的军队电影制片厂,位于北京市丰台区六里桥北里,占地面积 392.1 亩。1951 年 3 月,以总政治部军事教育电影制片厂名义开始筹建,1952 年 8 月 1 日正式建厂,命名为解放军电影制片厂,1956 年更名为八一电影制片厂。

有着男人狠劲的美女导演李少红

李少红，1955 年 7 月出生在江苏苏州，祖籍山东文登。中国电影第五代女导演代表。1969 年到四川军区独立第二师当兵。1978 年，考入北京电影学院导演系。1982 年分配到北京电影制片厂任导演。代表作品有《血色清晨》、《四十不惑》、《大明宫词》、《橘子红了》、《荣归》和新版《红楼梦》等。

李少红的影视剧经常被观众赞为"唯美"的画卷。都有着精美的画面，考究的服装和诗化的语言，而这些影视剧的主人公大多都是女性。从为爱情一意孤行的太平公主，到孤傲而丢失了爱情的秋仪，再到那个心中始终拒绝长大的宝贝。在这些女人身上，都能看到李少红的影子，都有李少红给予的情感。

李少红的风格，可以说与她的生活经历和成长环境关联很大。李少红14 岁那年，她有了一个弟弟。这年冬天，她离家出走，因为她觉得自己被父母冷落了。再也不想回家的她决定去当兵，父母拧不过她。她回忆离家情景历历在目。"我记得我拿着一个帆布旅行包上火车，看到爸爸站在车窗下，开始还保持镇静，告诉我路上小心旅行包，到了来电报。我心里也很硬，在我看来，我爸和我妈已经不再爱我了，他们的情感完全被我弟弟占据了，我和弟弟相差 14 岁，我已经懂得了嫉妒"。

李少红就是用这种"残酷"的方式引起父母的注意，"现在想来很幼稚，当火车开动，我爸爸随车窗行走的脚步越来越快，我使劲咬住嘴唇……那一幕永生难忘。后来很多年，我知道爸爸回去第二天就满嘴起大泡，连续 3 天到永定路邮局门口转到天黑,想发电报让我回来。我的离家参军,让他们痛不欲生。"

李少红被分到一个男兵连,参加野营拉练,每天山地行军90多里,摸爬滚打直到夏天,女兵们几乎都忘记了自己的性别特征。李少红说:"那个年代在我心目中是中性的"。或许就是由于这些特殊的经历,让李少红有了特殊的内心世界,她会在以后的作品中,有意无意地去追寻那些被丢失的少女时代。

当那些敏感和自卑的成长记忆随着时间的流逝,在她脑海中反而越来越清晰。李少红也逐渐形成了一种以主观的女性视觉来感受生活的独特影视风格——这种尝试是大胆的,甚至也包含着女性特有的任性。

李少红的母亲是电影学院导演系毕业的,李少红少不了耳濡目染。年少的她对"导演"的全部印象来自母亲,小时候并没觉得有什么特别。家里有一些电影理论的书,都被父母装起来,塞在床下,她就找出来偷着看。李少红经常用书里中外电影的名字和同学猜字,她经常立于不败之地。

在那个中性化的年代里,李少红懵懵懂懂、平平淡淡地度过了自己的少女时代,然而,内心并不安分的她却一直在寻找"出走"的机会。1978年,北京电影学院的考场中,当李少红一气将15分钟的长诗《周总理办公室的灯光》朗诵完毕,全场寂静无声时,她知道自己成功了。从此,电影就成了她出入梦想的途径。

1982年,李少红被分配到北京电视制片厂,导演生涯正式开始了。谈及导演生涯,李少红感慨万千:"我觉得当导演这件事和我的生命本身就有关系似的,很容易就迷上了"。

身为女导演,李少红觉得自己有许多感情优势。所谓女人是感性动物,男人是理性动物,女人以感性的视角介入以男性为主体的影视艺术世界,应该既有艰难,又有优势。在李少红执导的影视作品里,人们总是能够明晰地看到她对女性意识的强调和一种个人化的、女性化的对于社会、对于人生和对于女性自身的认识。

正因为如此,她才能在《血色清晨》中将异国作品与中国情境完美融合,讲述了深刻的现代中国寓言；又能在《橘子红了》中以古典唯美的笔触书写幽幽情殇。李少红的"女人味"是从她大气、爽朗的举止中透出来的，正是这种内敛的"女人味"，成就了她的电影、电视事业。

但是，处于工作状态中的李少红却有着男人一般的狠劲。一位与她合作过的演员说她是那种为了电影可以牺牲一切的人。曾经在一个很危险的拍摄现场，李少红嘱咐大家千万小心别跑别摔倒，因为周围全是工厂里的电锯、切割机，结果她自己忙起来却忘了，跑来跑去指导各部门工作，一下子摔倒了。她爬起来，拍拍身上的土，转身又跑走了。当时现场所有的人都傻眼了，谁也不敢吭声。因为她摔倒的地方，正好有一根从地面竖起来的钢管，离她的头也就 5 厘米。

李少红在看过台湾女作家琦君的《橘子红了》之后，从此秀禾与耀辉在橘园中的那段似有若无的感情，便总在她头脑中浮现，把它搬上荧屏吧。这是一个传统的故事氛围，如何在一个老的戏剧故事上出新？如何从一个女人的爱情里挖掘出历史恒久的意义？比如秀禾这个角色，很容易被观众理解为柔弱、逆来顺受、被人同情的角色。但是李少红要让她不同。在李少红的眼里，秀禾、宛晴、娴雅都是新女性，只是处于不同阶层，表现有所不同。她想通过大妈、嫣红、秀禾等几位女性对于感情的不同取舍态度，折射出存在于人性深处的具有普遍价值的美与丑和人生、价值观的思考。

琦君的原著是哀而不伤，而电视剧《橘子红了》却是大悲，这种风格是李少红一开始就确定的。因为琦君的原著如同散文诗一样，缺少强烈的戏剧冲突。李少红感觉这样的小说更适合拍电影，拍电视剧太难了。而电视剧需要丰富戏剧的成分，这样观众才更容易接受。

有人批评这部戏节奏缓慢，可李少红很不以为然。"节奏是在人的心中。什么叫节奏？它的定义越来越不确定。节奏的快慢缓急其实反映了观众对这部戏感受的多少。"

李少红着眼的是心理冲突，在旧时代，外部的环境是静态的，人人都按照同样的一个模式生活，但是在每一个人的内心有很多波澜，有些可以和别人交流，有些不能。就像大妈一直在乡下，她能和谁交流？她一直想象着大伯是在读唐诗,其实是在读新小说。

拍《恋爱中的宝贝》的整个过程是,她和年轻人的一次艰难的对话,一次全新的尝试,也是她最艰难的一次创作。片中的宝贝是一种精神,她和改革中的城市一起长大。她的恋爱极其疯狂,充满激情,然而又畸形。李少红想摸索出一种描绘出他们精神的影像语言。

她说我们这一代文学已经开始退化,他们是不再依赖文学的一代。太多的网络虚拟世界的影像,卡通、电子游戏、电视节目、DVD、卫星,世界已经难于用语言和文学描绘了。他们都患有相对上代人的"失语症",依赖影像和声音述说。

她和郑重、王要做了 3 年剧本。推翻、修改,也许是这个过程给了她更多了解他们思想的机会,帮助她确立寻找独特叙述语言的信心。可在实际拍摄中,这些都变得十分具体,并不那么容易。透过一系列影视作品,人们感受到李少红在这条看似我行我素的创作道路上所显示出的智慧,她在凸现自己个性化创作同时却紧紧抓住了"收视率"。她的成功在于她在不断创作中,越来越自如地把商业元素与个人语汇糅合在一起,这两面合一,造就了一个极有观众缘的唯美导演。

李少红善于把握细腻的情感戏,哪怕是细微的情感波动在她眼里都是一场风暴。在戏里,她会大费篇幅,动用镜头语言、灯光、服装、化妆、台词去强调,而这在某些时候会导致节奏缓慢。为了协调节奏,绚丽华美的服饰、陌生的时代背景或多或少会缓解观众有可能产生的厌烦情绪,把观众拖回座位。

只有扯住观众才有可能在他们面前展示自己的艺术,看似只顾漫步在自己艺术世界里的李少红,在这些地方细心地照顾着观众,正如她自己说的那样:"收视无疑是每个创作者最为重视的,起码没有人希望自己的劳动不被尊重。"

从故事中可以看出,李少红的电视剧都喜欢让主人公在感情的多角旋涡中载浮载沉。当初《雷雨》引起的最主要的批评意见是:指责她将曹禺在作品中全然取消了对资本家罪恶残酷本性的批判,取而代之的是通篇的风

我的未来不是梦

花雪月。

这种指责是否矫枉过正？姑且不讨论，但从中可以看出单纯追求人性和情感的复杂性和未知性，是李少红对故事的关注点。之后她选择的《大明宫词》《人间四月天》《橘子红了》，故事叙述的主体依然不变，许多似乎论及的社会问题，如封建思想对人性的荼毒，也被消弭在卿卿我我中。

逐梦箴言

"热爱自己的事业是一切的开始。"不是吗？如果不是热爱自己的事业，卡尔·施密特怎会在被剧毒蛇咬伤后作科学记录？如果不是热爱自己的事业，诺贝尔怎能发明出炸药？如果不是热爱自己的事业，阿基米德怎敢像统帅命令他士兵似的对罗马兵发出强硬的命令？他们至少可以说明：热爱事业可以创造出非凡的成果，可以造就出一个伟大的人！

知识链接

琦君

原名潘希真。现当代台湾女作家、散文家。作品多以儿童故事为主。1917年7月24日生于浙江温州市瓯海区瞿溪乡一个旧式家庭，14岁就读于教会中学。2006年6月7日凌晨4时45分病逝于和信医院，享年90岁。

■ 宁瀛说：“大不了叫我女导演！”

导演宁瀛生于北京，先后就读于北京电影学院和意大利电影实验中心。1978 年考入电影学院录音系，跟第五代导演同时入学。不过，三年后她考取了公费奖学金远赴意大利。在"新现实主义"的故乡深造。之后，她师从意大利大导演贝特鲁齐，担任了《末代皇帝》的副导演。

作为电影学院 78 级学生，宁瀛的求学与拍片资历，完全可以与"第五代导演"相提并论，但她的影片风格却与"第五代"截然不同，亦无法归到"第六代"。宁瀛说她的电影只能归结为"宁瀛电影"，她的作品的唯一标签也是"宁瀛电影"。

"宁瀛电影"的最大特点是职业演员与非职业演员共同担纲，让人分不清哪些是现实，哪些是虚拟。有人说是她留学意大利的经历在起作用，从她的电影中可以看到意大利新现实主义的影子，手法纪实、技巧纯朴，也有人称她是中国新城市电影的先锋人物。

高中毕业前，做一个小提琴手是宁瀛唯一的梦想。但是，报考音乐学院落榜，接着报考文工团又未成，最后，她考取的是北京电影学院录音系，原因就是，这个专业好歹和音乐有关。那个时候的宁瀛给同学们留下的最深的印象，就是她因为没有地方练琴就经常跑去水房。那时候每周有几个下午是电影观摩课，宁瀛无一例外地去水房练琴。

两年电影学院的求学经历，宁瀛的感觉是"最痛苦"，"找不着北"。高等数学之类的课程，在青年人宁瀛看来，是"自己的智商达不到的"。数学老师讲授微积分，她根本听不懂，认真听了，再倒回来看，还是不懂。同学们都在做作业了，她连抄同学作业都无法理解这题是怎么做出来的。她唯一能听进去的就是些基础性的电子计算机课程，"那段日子真可怕。"

1979年，她也报名参加了出国留学考试，因为看过一些意大利影片，知道那是艺术之国，就填了意大利。其实，出国留学更多是为了逃离这个让她无法再坚持下去的环境。留学生涯的前去几个月，宁瀛几乎每夜都是枕着眼泪入睡。孤单是一个难题，不会生活是另一个现实问题。每个月发的生活费，经常是刚过月中就花了个精光，每个月最后几天，都不得不去超市买包饼干分成三四天的份儿，等着下一份生活费的到来。

几个月后，留学生活没有任何改观，语言不通，没有琴声，甚至，基本的生活都成问题，宁瀛开始怀疑自己的选择，她决定回国。一天，偶然路过一家电影院，看到墙上的海报，"一个字都没看懂，只明白一个意思，是讲一个音乐家的故事。"她买了一张票，连着看了4场，直到深夜才出来，后来才知道那部电影叫《威尼斯之死》。"虽然我一句台词都听不懂，但我觉得自己全懂了。从那以后，我好像突然间跟小提琴的链断了，开始跟叫电影的这个人谈恋爱了。"

过完语言关的第2年，宁瀛考上了意大利电影学院。1984年，老师授课时告诉他的中国学生一个消息：贝托鲁奇要去中国拍片。贝托鲁奇刚刚开始《末代皇帝》剧本创作第3天，他看着眼前这个第一次来他家的怯生生的中国女孩，说，"我不知道能让你干嘛，也不知道你能干吗。"

一年之后，宁瀛又跑去找他，这次，他把写好的剧本交给了宁瀛。回到宿舍，宁瀛马上给家里写信，让他们帮忙收集资料，她要完善剧本，她迫切地想把这事做得漂亮。"一个月后，我把剧本交给老贝，两分钟后他说，我要和你长谈一次。"就这样，宁瀛成了《末代皇帝》的副导演。

宁瀛觉得自己跟贝托鲁奇是一拍即合，作为一个留学意大利的中国学生，她完全清楚一个意大利导演心中的中国"末代皇帝"。长时间的合作后，贝托鲁奇成了宁瀛最佩服的两个人中的一个，另一个是她的提琴老师。宁瀛佩服老贝的工作态度和智慧。

用宁瀛的话说,他"跟人接触的方法和一针见血的表达方式"。"跟他在一起每天都极度兴奋,是个彻底的洗脑过程。"宁瀛说导演是个体力活,因为她在现场拍摄的时候,需要大喊大叫。有同事提醒她说,不是所有人都能跟上你的工作节奏。"他们觉得我太快,太拼命了,但我其实反应挺迟钝的。"宁瀛笑道,有时她甚至忽略了自己的性别。

宁瀛说,拍摄再苦再累,她都不怕,最头疼的是社会交往。"这时候,你要用别的思维方式。"这也是她不太愿意接受采访的原因。

宁瀛认为,社会对女性是有偏见的,于是,她就顺势利用了这个偏见。她说,"如果你是女导演,你所做的一切,包括你的个性、棱角,别人可能会用简单的一句话去概括:她是个女导演。这无形中也给了我更加放任的理由,我可以活得更自由,更轻松,无论做什么,大不了说因为'她是女导演'。"

宁瀛奠定为杰出的中国导演的作品,是她拍摄于 20 世纪 90 年代的《找乐》和《民警故事》。这两部影片出现的意义并不仅仅在于宁瀛将意大利新现实主义的精髓融入了中国影片,而在于她以有别于第五代的影像风格出现在中国的银幕上。她的摄影机看待世界的方式直截了当而没有任何迂回。

如果说宁瀛的前两部影片还着重的是中国社会转变当中的群体面貌呈现的话,那么 2000 年她拍摄的《夏日暖洋洋》则更加细致地描写了个体的变化。

记录主义作为一种极端的现实主义影像风格,在 90 年代以后除了章明导演的《巫山云雨》以及《押解的故事》等风格化的作品以外,女导演宁瀛先后推出了《找乐》、《民警故事》、《夏日暖洋洋》三部纪实性电影。它们采用高度的纪实手段和丰富的纪实技巧,如长镜头、实景拍摄、非职业化表演、同期录音、散文结构等,"记录"了当下中国边缘人的边缘生活。

以对"真实"的信赖、对质朴的热爱、对诚实的执著、对纪实风格的追求显示了电影的人文主义精神和现实主义特征,同时也成为了纪实电影当代形态的代表。

宁瀛这几部影片都采用了开放性的叙事结构。宁瀛认为,她的影片走非戏剧化的纪实道路，并不是一种故意的标新立异，而是因为题材决定了它的表达，内容决定了它的形式。只有这样，才能传达出她内心对所展示的生活的体验，才能传达出她内心对所描绘的这些人的感动。

对于宁瀛来说，重要的不是故事、情节、命运，而是状态、细节、过程，所以，她摒弃了情节剧的结构方式和叙述方式，不用那些人为的偶然性和因果关系，来营造戏剧冲突和矛盾高潮，而是用一种散点的生活流的方式，来展现生活的平缓而细微的变化，写人在这种变化中的那种体验、那种感受。

逐梦箴言

很多时候，我们连自己都不知道自己想要的到底是什么，所以才有了那么多口是心非的理由，实际上，这都是怯懦和没有勇气去面对现实的借口罢了。如果你不再为自己所做的事情而后悔，那说明你已经知道了自己想要的是什么。因为人为得到自己想要的东西而所做出的大胆无畏的选择和持之以恒的奉献，都是无怨无悔的。

知识链接

《末代皇帝》

《末代皇帝》是贝纳尔多·贝托鲁奇执导的一部传记电影。影片诠释了溥仪一个作为皇帝的人生故事，和传统的"史实"和"传说"都无关，认为溥仪是在特定历史条件下，无法摆脱被囚禁命运的生命个体，成分复杂、面目模糊的一个可以和观众进行心灵沟通的人。

■ 才女徐静蕾

徐静蕾,人称老徐,中国著名女演员、导演,与章子怡、周迅、赵薇并称中国演艺界"四大花旦"。1997 年毕业于北京电影学院表演系,主演的影视剧多以纯情风格为主,这使得她成为内地玉女明星的代表。

自 2002 年开始,演而优则导的她执导了第一部电影《我和爸爸》;2006年,她执导了改编自茨威格同名小说改编的电影:《一个陌生女人的来信》。2008 年,她执导了由王朔编剧的《梦想照进现实》;2009 年,她执导了职场时尚电影《杜拉拉升职记》。

2005 年,美国权威杂志《时代》周刊的"中国新革命"一文中,认为徐静蕾是中国电影界有革命性的代表人物。2006 年 6 月,她担任上海国际电影节评委,成为该电影节有史以来最年轻的评委。同年,她获得了西班牙圣塞巴斯蒂安电影节的最佳导演奖,使她成为迄今为止中国电影史上获得最高殊荣的女导演。

一部《将爱情进行到底》让她成为当时少男的梦中情人,清纯知性的老徐俘获了无数发烧观众的心。在戏中的她总是迷茫又被动,却不知现实中的老徐却是有主见,事业心极强的女子。她导演了《我和爸爸》、《一个陌生女人的来信》等电影,并获得"圣塞巴斯蒂安国际电影节最佳导演"大奖,更是奠定了老徐演艺圈第一"才女"的地位。

徐静蕾说她的人生其实挺顺的。她特别想做的事都做不成,自己不太想做的反而都能成,小时不喜欢写字,却被父亲"逼着"在市少年宫书法班学习,而现在写得一手好字。少年时代的徐静蕾,并没有现在的光环和自信,演员或者导演还都不在她的词典中,她只是一个又瘦又黑的小女孩,每日里练习书法,在父亲严格的教育下背诵唐诗。徐静蕾小时候最怕的人是爸爸,见到爸爸像老鼠见了猫一样。因为爸爸让她每天写的毛笔字她总是凑不够数,该背的诗也总是上句不接下句。

徐静蕾说,"每天下午的5点钟左右是我的世界末日,因为爸爸就要下班了,每当这时候我想,我最大的并要为其艰苦奋斗的理想就是再也不用听爸爸的话,自己当自己的主人。"其实徐爸爸的愿望很简单,只是希望徐静蕾可以做一个知书达理的好姑娘,说得最多的就是:"腹有诗书气自华。"

书法的特长将徐静蕾保送进朝阳区最好的中学80中,而80中汇集了全朝阳学习最优秀的学生,包括许多白净漂亮极了的学习很好的姑娘,这让当时还不是老徐的小徐静蕾自卑得无以复加。后来看人家画画就喜欢上了画画,17岁的她骑着自行车穿梭于偌大的北京城,走很远的路去学画。学画一年后,一心要考中戏的舞美系和工艺美院,却名落孙山。在中戏学校门口,一个导演把她误认为是表演系的学生,使她猛然动了上北京电影学院的念头。再到北京电影学院表演系一试,却连过三关一考即中。但这样也没有为她增加多少自信,在大学时她不愿也不敢上台去表演和排练,害怕在人前表现自己,总是躲在后边能躲一节课算一节课。

徐静蕾也的确是与众不同的,而恰恰是这份让她觉得自卑,觉得彷徨的"不同",赐予她难得的成功。她清新淡雅的气质让小徐在全班同学中脱颖而出。第一个接到演戏的工作,又正是这份与众不同的气质她成为荧屏上崭新的一抹新绿。

大三时拍《一场风花雪月的事》,第一次正式拍戏的徐静蕾居然在镜头前紧张得连话都说不出来。这种情况持续了很久,慢慢地表演多了,才习惯在镜头前表现自己,但是私下里见到陌生人还是不会相处。

徐静蕾说,自己并不是做演员达到了某种高度才转去做导演,只是受不了每天要等,"因为我想达到一个高度,而期待很多导演来找我,很多好的剧本给我,但事实上可能我等一年也碰不上一个好剧本,这种等待让我快得神经病了"。"我当然知道一个机会好不好,关键是我想不想要这个机会才是最重要的。我是不是想要家喻户晓,是不是想要脸盆、马桶上贴的都是我的照片?我不要那样!那样不会使我有成就感。"于是,徐静蕾开始主动出击,尝试自己把握自己的命运。

《我和爸爸》的阵容堪称豪华,徐静蕾别出心裁地把叶大鹰、张元、姜文等几位大腕级的知名导演汇集旗下,让他们相互飙戏。一位年轻的少女导演,却指挥着几位成熟老练的大导演演戏。可以说,不管电影的题材、内容如何,这个戏剧性的组合就足以让这部电影赚足眼球。

由于《我和爸爸》是导演个人出资拍摄的,因此被认为是中国第一部真正意义上的独立电影。并且,在中国电影市场还不景气的时候,最终收回了成本并有盈余,影片还获得了金鸡奖最佳导演处女作奖。当时的评论界普遍认为作为导演的徐静蕾没有让人失望。徐静蕾以投资人和导演的身份,在票房和口碑上,都交了一份不错的成绩单。《我和爸爸》的成功让徐静蕾稳稳坐到了影视界"才女"的交椅上。

2004年,徐静蕾执导了第二部电影《一个陌生女人的来信》,她大胆地将茨威格的经典小说做了中国式的演绎,并获得了第52届西班牙圣塞巴斯蒂安电影节最佳导演奖。两年后,她又执导了第三部电影《梦想照进现实》,通过一个女演员突然罢演后和导演之间的对话,探讨了"存在"的主题。这部通篇只有一个场景的电影在叙事手法上做了更大胆的尝试。

徐静蕾认为其实成功没有什么秘诀,最简单的道理总是最实用的,也是最通用的。徐静蕾对自己要做的事情都会比较坚持。因为放弃太容易了,放弃这一次,就很容易放弃下一次,最后什么事儿都没做成。在选择好相对适合自己的事情后,徐静蕾都会坚持下去。

做事不要太过纠结,徐静蕾说,"我以前就挺爱和自己较劲的,爱钻牛角尖,现在我会在适当的时候给自己喊停,换换脑子,这样你才有时间、精力去发现问题,并解决它。"

逐梦箴言

人是社会的个体,是组成社会的细胞,其原动力在于自己,而非别人。外因即社会是否起作用,要看内因即自己的意志是否被蛊惑,如果你是一个执著而坚定的人,那你会依照自己的思维方式前行,这样成功就是属于你的。

知识链接

西班牙圣塞巴斯蒂安电影节

圣塞巴斯蒂安国际电影是西班牙举办的最早、最大的国际电影节,素有"西班牙国际电影节王后"之称,亦是国际A类电影节之一。电影节得到西班牙政府有关部门及一些企业和私人的支持、赞助,并得到国际电影制片人协会联合会的承认。该电影节设"金壳奖"、"银壳奖"等奖项。

● 智慧心语 ●

不因幸运而故步自封,不因厄运而一蹶不振。真正的强者,善于从顺境中找到阴影,从逆境中找到光亮,时时校准自己前进的目标。

——易卜生

生活需要一颗感恩的心来创造,一颗感恩的心需要生活来滋养。

——王符

未来就是有待发生的可能性。它等待着人类的想象力将这些可能性明确化。

——利兰.恺撒

世上有些丰功伟绩之所以能够缔造,是因为有些人不够"聪明",不知道那些原是不可能的。

——道格.拉森

我的未来不是梦

第十章

只要敢，就能赢！

◦**导读**◦

　　你们想成为电影导演吗？成为导演的第一步就是，停止讲你们想当导演。确实如此——你们四处宣扬，你们是导演，然而却没有真正的实际行动。放下想象，行动起来吧！多读书，多实践，多从中总结经验教训。没有基础？在这里，你可以了解到导演工作的基础知识，导演的职能、导演的构想、导演阐述，以及对影片的审美欣赏等等。行动起来吧，只要敢，每个人都能成为一名导演。

■ 你也可以成为英雄

在追求梦想的道路上，很少有一帆风顺的，总会遇到几个沟沟坎坎，绊在脚下。或者是几个分岔路口，让你无从选择。而每个人在这些荆棘面前，所付出的努力是有所不同的。有的人放弃了，于是他就真的放弃了。有的人跨过沟沟坎坎，并且再分岔路口做出了正确的选择，于是，他成功了。

英国 22 特种部队的队标是这样一句话，Who dare win! 勉强翻译过来，我觉得是"谁敢，就赢！"这个兵团很奇怪，专门负责不可能完成的任务，1980 年，他们在伦敦太子门营救被囚于伊朗大使馆里的人质。不到 15 分钟，便制伏了恐怖分子，救出 19 名人质。至今没有人看到这些英雄的面目，他们行动时一向戴着面套，他们的名字也不公布，世人只能知道他们所做的事情。

他们就是英雄！而这些没有名字没有面目的英雄，之所以会受到人们的尊重，不仅仅是因为他们所做的事情，更重要的是他们身上的精神。其实任何行业里都可以有英雄，不一定要没名字，没面目，但是，他们身上一定具有别样的精神和能力，值得大家来学习。

导演行业也同样如此，即使你是一个普通人，但是，只要你敢，你就可以赢。只要你敢于构思，敢于投身，敢于自期自许，并且敢于无闻。你就可以成为英雄人物！但是，在我们成为英雄之前，我们应该为自己补充好能力和充实储备，那样，你成为英雄的机会，也会随之而增加。

Who dare win!

■ 导演的职能

导演作为艺术家，要具备一定水准的文学音乐美术等多方面修养，要渊博，有表现欲，以独特的艺术才华及智慧征服辅助他工作的人群。导演作为技术家，则须要对电影的每一个环节了如指掌，从编剧、美术（包含设计场景、道具）、摄影、照明、音响、剪接或编辑、化妆、发型、片名及字幕等设计都要熟悉。导演乃剧组万斤油也。电影是集体创作，必须与工作人员取得良好沟通，精通业务才具备说服力。

导演必须会宣传自己和自己的电影，在媒体的面前举止得体，给人以好印象。导演应该是剧组最老奸巨猾的人物，上下老小都被他打点得服服帖帖。他是精神分析专家，洞察每一个工作人员的心理，诱导他们为工作奉献热情。

"导演"，影视片艺术创作的领导人和摄制组的总负责人。影视是在现代科学技术高度发展的基础上产生的一门综合艺术。导演团结和组织各种不同专业的创作人员和技术人员，共同为生产高质量的影视片而努力。他是集体创作的核心。

导演应十分重视影视文学剧本的质量，因为它是影视片的基础。导演要非常慎重地研究剧本，深刻地理解它，考虑它是否有时代的现实意义，能否激动最广大的观众的情绪，并与人民的利益息息相关。导演一般都愿接受能引起自己情绪共鸣的、形象生动的影视文学剧本，并十分尊重剧作家的风格。

影视是一种集体创作的综合艺术。导演从文学剧本出发，形成他的艺术构思，并邀请最适合于完成他的艺术构思的演员、摄影、美术、音乐、录音等各方面的创作人员，组成摄制组来体现其构思。对于合作者的选择和邀请，也体现了导演的才能、修养，以及对合作者的艺术趣味和他们的才能的鉴别力。

导演是集体创作的核心，他对影视片未来的屏幕形象有全面的、完整的设想，也就是艺术上的总体构思。为了使摄制组所有的创作成员充分理解导演的总体构思，往往通过案头工作，将其落实在文字上，写成导演阐述和导演剧本，供大家研究。

导演的艺术水平，不仅表现在个人的艺术造诣方面，也表现在善于激发艺术合作者们的创作热情和创作想象方面。在深入探讨中，大家对导演阐述及导演剧本有了统一的认识，各部门才能按照摄制组的分阶段计划，为实现导演的总体构思发挥作用。在屏幕上表现人物性格，塑造出典型环境中的典型人物，是影视艺术创作中居于首位的任务。

一切导演手段都应围绕着刻画人物性格的目的来运用。导演剧本中的蒙太奇处理常根据演员创造角色的需要而确定或变动，使人物处理与其他导演手段有机地结合起来，浑然一体。所以在导演与演员的合作中能否刻画出有内在深度的性格形象，就成为影视导演艺术成败的主要标志之一。

导演艺术还表现在对影视片的最后剪辑中，导演要将剪辑看作创造性过程的一部分，而且是很重要的组成部分。影视片的屏幕形象最后将在这一阶段中完成。

导演艺术在创作实践及理论探讨中不断发展。由于影视技术设备的革新和发展，必然影响到导演技巧的运用。影视片从默片发展到有声影视、彩色影视、宽屏幕立体声影视，变焦距摄影镜头的发明和各种特技的不断创新，空中摄影、水底摄影的运用等，都扩大了影视表现技巧的范围。导演艺术总是与影视技术的进步相适应，并相互促进。

影视艺术的思潮和流派的兴衰，使导演艺术的观念不断出现新的不同的发展趋向。新和旧，美和丑，既矛盾又互为依存，但真正崇高的艺术、进步的艺术，毕竟属于人民。反映人民的利益并为人民所热爱的艺术，是影视导演孜孜不倦的追求。

■ 导演阐述

导演向摄制组成员对自己未来影视片创作意图和完整构思所作的说明,用以保证整部影视片思想艺术的统一。

主要内容包括:对剧本主题思想和时代背景或社会环境的阐释;对剧中主要人物的分析;对矛盾冲突的理解;对影视片风格样式的确定;对节奏的处理;对表演、摄影、美术、化装、服装、道具等造型设计以及音乐、录音、剪辑等各创作部门的提示和要求。

导演阐述没有固定的写作格式和表达方式。由于影视剧本的内容和题材不同,导演的素质和风格各异,所以写法也不一致.导演阐述力求明确、生动、具体,富有吸引力和说服力,能鼓舞全摄制组的创作热情,启发创作想象,推动创作积极性。

■ 总体构思

导演在想象中形成的关于未来影视片的内容与形式的思路。总体构思的依据是剧本提供的思想与形象。它贯串在导演的整个创作过程中。随着创作的进展与深入,总体构思也随着变化和丰富。

作为整部影视片艺术创作中心的导演,进行总体构思时运筹帷幄,统览全局,应具有对影视片整体把握和全面设计的能力。既要考虑整体与局部的关系,又要协调各个局部之间的比例关系,不偏爱局部章节,斤斤计较局部得失。

往往有这种情况：把整部影视片中某一个场面和人物抽出来单独者，可能是感人的、恰当的、合乎分寸的；但把它放到整体中权衡，又可能是多余的、累赘的，显得比例失调和不可取。这类问题多出自总体构思的缺陷。

由于影视的综合性，导演常把各个艺术部门的创作纳入到总体构思之中。如对演员、摄影、美术、录音、化装、服装、道具、剪辑等创作，都必须有总体设想和要求，以期在创作上取得平衡与和谐，达到艺术上的完整与统一。

总体构思既要考虑纵向发展的思想深度，又要照顾横向扩展的联系：既要思索历史感，又要突出时代感。此外，对叙事因素和造型因素、风格和样式、色彩和节奏等的设想和处理也必须纳入到总体构思中。

总体构思如果得不到观众的认同，就会产生构思与体现的不平衡。其原因或出于构思没有得到正确的体现，或构思本身存在缺陷。所以，屏幕体现是检验总体构思的试金石。

总体构思既要面面俱到，又要突出重点；既要瞻前顾后，又要左思右想。导演要想获得总体构思的自由，应该具有丰富的生活积累和渊博的知识修养，还要有敏锐的艺术感觉和悟性。这样，导演进行总体构思时无数的意念才能涌上心头，达到"登山则情满于山，观海则意溢于海"的境界。

■ 影视导演的培养

从中国影视业的发展历史看，影视导演的成长大致有以下几种途径：

第一是从舞台戏剧队伍中"改行"。中国第一代导演张祥、郑君里、史东山等人都曾经学习过西方戏剧，排演过大量的文明戏（话剧），具有丰富的舞台经验。中国的第二代电影导演崔嵬，早年也从事过舞台表演和导演工作，后来成为电影导演。

第二是从与电影相关的行业中"转型"。在电影导演中，很多人都是在从事与电影相关的工作中成长起来的，他们开始是在电影拍摄中担任一些其他行当的工作，比如副导演、场记、摄影、演员、美术设计，等等。经过一定的实践积累以后,逐步成长为专业的电影导演。

第三是由专业院校培养。很多导演大多数毕业于电影学院和戏剧学院等专业院校,他们的特点是受过系统的专业教育,艺术素养全面,其中有些人经过实践的磨炼,已经成长为优秀的职业导演。

导演自然有导演的培养方法。

首先就应该多看作品。与其他专业人才的培养有所不同,培养影视导演,一开始主要不是读教科书,而是尽可能多地看影视剧本。这是因为所有生动丰富的影视语言只能存在于具体的影视作品当中,离开了影视作品是不可能看到所谓抽象的"影视语言"的。

看作品可以帮助导演建立起影视创作所需要的视觉思维习惯,帮助从导演的角度对影视作品进行整体性的解读。通过看作品,还可以了解电影史上的优秀作品和导演大师,获得对影视语言叙述方法的感性认知,积累丰富的影视语汇,为以后的理论学习奠定基础。不仅多看作品,还要听课,因为很多东西不是看作品就能看会的。很多初学者对导演创作一部作品的过程并不了解,如导演应该怎样立意,如何叙述有哪些艺术手法?等等。在看作品的过程中,很多与创作相关的制作问题并不能够直接从作品中得到解答。所以,我们还需要通过听老师讲解才能从感性认识上升到理性认识。

老师往往会从导演艺术的角度来分析作品,总结前人的成功经验和创作方法,因此,听课时要完整地认识影视导演创作规律的重要环节。比如有些人从其他专业转行而成为影视导演,由于缺少影视导演的专业学习训练,因此很容易在实践中碰壁或走弯路。所以,无论是初学者还是转型的艺术家,听课都是不可缺少的学习环节。

当理论掌握了,就该注重实践了。影视导演是一个以实践为基础的专门职业,没有实践就不可能造就真正的影视导演。即使一个人看了很多电影,听了导演课程,甚至拿到了导演的专业文凭,但是在没有亲自参加电影创作实践之前,还不敢称自己为"导演"。

导演艺术是在实践中形成和发展起来的,导演也只有经过实践的检验才能确立自己的地位和价值。同时，导演艺术还需要在实践中不断地丰富和发展，许多导演在实践中逐步确立了自己的独特风格。

我们只有了解某位导演的一系列作品，才能对他的艺术风格有一个全面的认识。这说明导演的成长离不开实践，导演的艺术修养也只能在实践中不断地丰富和提高。

■ 优秀导演的特征

怎样才能成为优秀的影视导演呢？北京电影学院郑洞天教授曾经说过："一位称职的电影导演应该具备以下基本素质：谙熟电影艺术专门规律和导演专业技能；具有领导组织和创作合作的才干；较深厚的生活阅历和全面地文化艺术修养；独特的艺术创作思维个性。"这段话简要地说出了一个合格影视导演应该具备的基本素质。在各种艺术职业中，影视导演的确是一个有着特殊要求的职业，每一个想要成为影视导演的人，都应该做一个自我分析，判断一下自己是否具备做导演的潜质。

首先，一个优秀导演应该具有丰富的想象力。导演的想象力是指对剧本中所描述的生活状态具有形象化的设计能力和呈现能力，这种能力来源于导演平日对客观事物的观察和积累，也同导演自身的文学修养和情趣气质密切相关。

作为一个导演，要养成读书的好习惯，要能够从抽象的文字中体味生动的意象和深邃的意境。一样的景色在不同人的笔下会表达出别样的情怀和境界。导演要善于想象不同文字中的意象，展现出不同的情境。单单有想象力是不够的，还要有观察力。对于人物的描写，在文学剧本中可能只是寥寥数语，导演却要把这为数不多的文字变成一个个血肉丰满、栩栩如生的银幕形象，这就是对剧本的二度创作。

在这个过程中，导演要赋予角色可触可感的音容笑貌，为人物性格的形成提供真实可信，又具体可感的生活线索和行为依据。那么，导演塑造

我的未来不是梦

187

人物的感性材料从何而来呢？就是来源于平日里对人的语言、行为、心理的留意观察，来源于对生活阅历的总结提炼。

一切艺术的创造都是来源于生活而高于生活的。所以，观察生活是导演创作的必要途径，观察力也是导演必备的一种能力。导演的观察力是可以培养的。长期从事导演工作的人，都有观察生活的这也习惯，要善于区分不同职业的人，善于发现人的外貌特征，捕捉行为细节。

导演通过对社会上各色人物的观察、发现、分析和归纳以后，就可以将那些日常积累的点滴材料加以整理和提炼，进而逐渐将感性材料上升为一种理性的认识。因此，学习导演艺术首先可以从培养自己的观察力开始，要养成一种深入生活和观察人物的习惯。作为导演，对于自己的创作对象，都要赋予他们鲜明的个性、独特的外貌、令人过目不忘的谈吐和举止。这种塑造能力是导演从常年的观察和积累中造就的。导演观察生活时的点滴积累就是塑造人物的一种知识储备。

许多导演曾有过类似的工作经验，他们通过对聋哑人的观察总结出他们的行为特征：他们比正常人显得迟钝，他们的眼神是茫然的，他们在听的时候，耳朵常常会不由自主地分辨方向，等等。

勤奋的导演还会将自己观察所得整理成人物肖像笔记，为日后的创作做好准备。

除了上述两种能力，一个优秀的导演应该具有一定的文化品位。这里的文化品位指的是一个人的艺术鉴赏水平和审美情趣。影视创作要求导演具有良好的艺术素质。所谓艺术素质就是指一个人在社会、文化、艺术领域的学识储备情况，也是一个人艺术功力的积累和外化。凡是优秀的导演，都有广泛涉猎各种不同知识的习惯，他们有的喜欢阅读，有的喜欢旅游和冒险，他们在学习社会和观察生活上所花费的经历，往往比在掌握专业技术方面要多得多。

实践证明，大多数成功的导演都能够随时了解世界大事和流行时尚，他们既了解历史，也熟悉最新科技的发展。作为导演不仅应该具备丰富的学识、开放的视野、深厚的情感和丰富情趣，而且还要具有敏锐的观察力、过人的鉴赏力、和准确的判断力。

总之，一个导演的综合素养对其作品的创作质量会产生直接而重要的影响。

除此之外，还有一个非常好总要的，就是专业能力。毫无疑问，影视导演需要了解影视艺术发展的历史，这是因为影视语言是在历史沿革中逐渐形成和不断丰富的，可以说影视艺术的历史就是导演艺术的基础。

纵观历史，影视艺术的发展始终伴随着科学技术进步发展的。从无声电影到有声电影，从一个镜头的拍摄到特技的运用和各种高科技制作的出现，影视技术的发展变化是巨大而惊人的。

电视从早期的电子信号传播、模拟录制技术到今天的数字非线性编辑和多媒体网络技术的运用，每一次科学技术的发展都在进一步拓展着艺术表现的空间。因此，影视导演不仅要了解当代最新的科技成果，还要不断地学习、掌握、运用新的制作手段，使自己始终处于影视技术创新的前沿。

在 2000 年悉尼奥运会的开幕式上，我们看到了一个设计新颖的点火方式：当四周喷水的祭坛被火圈所包围的时候，运动员用遥控点火装置准确无误地点燃了被火圈阻隔的火炬，这一崭新的创意激起了现场一片欢呼。

假如开幕式的导演不了解现代科技的发展，就不可能产生这种新颖别致的艺术构思，这就是现代科技给予导演的创作灵感。

在影视创作中，导演不仅需要清晰的头脑和果敢的性格，还要有良好的语言表达能力，因为导演不是一个"个体劳动者"，而是一个创作集体的组织者和领导者。导演需要调动剧组成员协调一致地进行工作。

为了使每一个剧组成员都明确创作的方向，导演要能够准确地阐述作品，要对艺术构思和拍摄要求进行明确而细致地讲解，使各部门能够在工作上明确目标、统一认识、协调行动。

良好的表达能力有助于导演准确生动地表达创作意图，调动剧组人员的积极性和创造性。当剧组在拍摄中遇到困难的时候，导演还要善于鼓舞士气，鼓动剧组成员保持创作热情，同心同德地战胜困难。总之，一个具有良好表达能力的导演，常常可以帮他度过各种难关。

影视导演带领的是一个专业众多、背景不一、来源复杂的工作队伍,剧组人员常常在文化背景和生活习俗等方面存在差异,加上剧组又是一个临时性的集体,各个成员之间互不了解,容易产生矛盾和分歧。遇到这种情况,导演就要善于协调关系和化解矛盾。在创作的协作方面,导演不仅要使剧组成为一个团结和谐的整体,而且还要善于调动每一个成员的积极性和创造性,保证每一个成员的艺术智慧得到充分的发挥。如果一个导演不善于在紧张的拍摄之中化解矛盾和协调关系,就很有可能被拍摄中产生的人际矛盾所困扰,严重的还会影响到整个剧组的正常工作,所以一个缺乏组织和协调能力的人,很难成为合格的影视导演。

坚韧的毅力和饱满的激情,同样是一个优秀导演必须具备的素质。导演作为综合艺术的统领,经常会遇到各种不同的创作意见,也会遇到很多意想不到的困难,这种时候也最容易产生动摇。在实际工作中,有时候一个导演想坚持正确的意见也需要不屈不挠的信念和意志。比如在拍摄最紧张的时候,主要演员突然生病了、天气连续下雨无法拍摄;或者是生活环境太艰苦,剧组中出现了畏难情绪,制片部门为了节省开支也在催促拍摄进度,等等。

每当出现困难的时候,常常会有人提出新的拍摄方案,不成熟的导演往往会面对新的方案犹豫不决。这是因为,新的方案中的某些意见可能也不无道理,还有的导演会受一些建议的局部亮点的诱惑而放弃对原定的整体方案的把握。

在实际拍摄中,导演如果把注意力过多地集中在一些枝节问题上,就会对自己的总体设计产生动摇,加上实际的拍摄环境又十分纷乱和忙碌,往往容不得导演做冷静的思考,在这种情况下,导演很容易改变最初的拍摄计划,导致作品背离原定的构思。

另外,还以后一种情况也容易使导演改变拍摄方案,就是剧组中的大牌明星为体现自己的优势而提出了另一种拍摄方案,有些资历尚浅的导演为了迁就大牌明星的意见,只好放弃自己的设计和主张。如果遇到以上情况,导演可以采取"以退为进"的策略,先充分听取演员的意见,再根据具体情况对演员进行说服工作。有时候导演也可以采取"退一步海阔天空"的办法，在局部问题上吸取有益的建议，在总体构思上坚守自己的原则。

往往在这一退一进之间，情况就会发生转机。在实际工作中，有些复杂的沟通过程会成倍地增加工作量，导演如果没有坚强的毅力和足够的耐心，可能连沟通也无法完成就要打退堂鼓了。事实上很多人并不缺少导演才能，但是他们会惧怕麻烦而使创作半途而废，所以坚韧的毅力是一个优秀导演的必备素质。

与坚强的毅力相对应的是饱满的激情，这也是导演始终保持良好创作状态的重要素质。一个好的导演，需要对生活保持高度的热情和敏感。有的人在创作顺利的时候比较富有激情，而一旦遇到困难就会退缩，不能始终保持对创作的专注，这也很容易导致失败。

有的人把导演工作比作登山，既有登上峰顶领略无限风光的诱惑，又有攀登过程中的曲折和艰辛，甚至还会遇到雪崩和滑坡的险境。只有那些具备顽强的毅力和坚持攀登的人，才能最后登上顶峰。

成功 = 艰苦的劳动 + 正确的方法 + 少谈空话。

——爱因斯坦

人的价值蕴藏在人的才能之中。

——马克思

不要在已成的事业中逗留着!

——巴斯德

不经巨大的困难,不会有伟大的事业。

——伏尔泰